子どもが
楽しく元気に
なるための

ADHD
支援ガイドブック

親と教師が知っておきたい9つのヒント

デシリー・シルヴァ,ミシェル・トーナー[著]　辻井正次,鈴木勝昭[監訳]

ADHD
Go to Guide
Facts and Strategies for
Parents and Teachers

金剛出版

ADHD GO-TO GUIDE
Facts and Strategies for Parents and Teachers
by
Desiree Silva & Michele Toner

推薦の辞

　この本を読み終えた最初の感想は，ADHDの当事者である私が小さいときに，もし親がこの本を手にしていたら，私と親との関係はどうなっていただろうか。無駄なバトルをしないですんだのではないか。もし学校の先生がこの本を手にしていたら，どうなっていただろうか。ストレスフルな学校生活が，もしかしたら少しは楽になっていたのではないか，というものでした。

　ADHDの支援団体，NPO法人えじそんくらぶは2001年に設立されました。その当時は情報がなく，私が初めて日本で提供した指導者養成講座は，参加者の約7割が保護者でした。我が子のためにと，東京での開催ながら北海道など遠方からも参加がありました。

　現在はたくさんの書籍が出版されており，ネットや書店で簡単に購入することができます。しかしそれらは玉石混交で，時々びっくりするような間違った内容が書かれていることもあります。この本はそんな「ADHDに関する20の俗説」や，すぐに使えるヒントが「保護者のための20のコツ」「教師のための20のコツ」として，明確に書かれています。本を読むのが苦手な人は，ここだけ読んでも役に立つでしょう。本人が自分の特性を理解し，受容するだけでなく，周囲の人がそれを応援することによって，発達障害のある人の特性は才能にもなります。

　環境がその子の能力をさらに開花する方向に促すか，苦手なことへのきつい叱責が続いて自尊感情が低下していくか，その子の人生は，周りの一人一人との出会いによって大きく変わっていくのです。

そして，本との出会いによっても人は大きく変わるものです。

　この本は，たとえば「どのようにして学校に支援を求めることができますか？」とか，「子どもに時間を守ることを教えるにはどうすればいいですか？」のような質問に答えるＱ＆Ａ形式で書かれています。あなたのお悩みを見つけられれば，すぐに答えがでてくるでしょう。特に，「私にはどんなサポートが必要ですか？」と，親御さんご自身のサポート（セルフケア）が大切，という視点を強調していることも素晴らしいと思います。ほかにもADHDの人が悩む実行機能（物事をうまく計画したり，実行するための機能）や，ものの片づけ，合理的配慮を受けるために大切になる自己主張の方法，そのために必要な自己理解などなど，私が当事者として，支援者として大切だと考え，本や講座でお伝えしてきたことが広く網羅的に書かれています。親御さんやご家族はもちろん，支援者の方にもヒントになるでしょう。

　その上で，本を読んだ後のアクションが大切です。一人でも多くのADHDを持った人がその能力を開花し，周囲とのいい関係性をキープして，幸せになってもらいたいと心から願います。

高山恵子（NPO法人えじそんくらぶ）

紹介文

　「温かいまなざし」……この本を手に取られ，一読された方は全編を通じて著者であるデシリー・シルヴァ，ミシェル・トーナー両氏の，ADHDの子どもたちに寄り添う心のこもった温かい思いを感じられるのではないでしょうか。

　第1章から第3章にはADHDの基礎知識と鑑別すべきあるいは併存しうるさまざまな症状，さらには治療の選択肢について，諸外国の診断・治療ガイドラインを踏まえたうえで，心理社会的治療を行う上での多職種の役割，さらには薬物療法の意義も含めわかりやすくまとめられています。加えて訳者の方々が本邦独特の流通管理システムによる適正使用の推進について付記されていることは，このような訳本が出版されるうえで極めて重要な点と考えられます。第4章以降はこの本の真骨頂ともいえる子どもに関わる大人へのメッセージが綴られています。すなわち親と教師に対し，問いかける形式で子どものみならず家族に対するサポート，教育，学校の在り方など，「より良い習慣をつくるコツ」をわかりやすく具体的に示されているのが特徴と言えるでしょう。成功体験や褒められ体験を重ねることでADHD当事者である子どもにとって家庭や学校が，心安らぐ落ち着く場所となる重要性が示され，その構成は子どもが大人へと成長していく手助けを担うべき我々大人に問いかけられる内容となっています。その一方で，本邦でも問題となっている「就学前の子どもがADHDと診断される」ことについては，注意が必要と明記されており，就学前の子どもの多動への対処方法はADHDの診断が

あってもなくてもほぼ同様と示されています。第9章では世間一般で大きな問題となっているADHDの診断や治療に対する俗説について踏み込んでおり，明確にその根拠を追求し，具体的に否定されています。保護者や学校の先生の不安や誤解が解消されるうえで，この章には極めて重要なメッセージが込められています。また，「中等度から重症のADHDを治療しないのは無責任であると言えるでしょう」とも明記されていることは「俗説の否定」とも関連する重要な視点であり，子どもの健やかな成長を促すうえで不可欠な提案であると考えます。

　この本のサブタイトルは「親と教師が知っておきたい9つのヒント」ですが，ここに書かれている内容はADHDのみならず，子どもに関わるすべての大人にお勧めできる内容です。この良著を我々にご紹介くださった辻井正次先生はじめ和訳を担当された諸先生方に心より感謝申し上げる次第です。

　猛暑の続く東京にて

宮島 祐（東京家政大学
子ども学部子ども支援学科）

献　辞

　ADHDのある子どもたちには才能があり，立ち直りが早く，しばしば誤解されています。彼らを育てることは大変かもしれませんが，決して退屈することはありません。親として育てるとなると特別なスキルが求められますが，親が精神疾患を抱えているときや，家庭・学校・医療や保健の現場で壁とぶつかったときには，さらに困難なものとなります。幼い頃からADHDのある子どもたちを理解し支援していくことで，彼らの教育上の経験と思春期・成人期の社会における成果，そして，家族の機能が改善されるでしょう。

Desiree Silva, 2017

　この本に書かれているどれか1つのコツを読んだり，方略を試したりする前に，ぜひ知っておいてほしいことがあります。それは，この本の内容はいずれも，ADHDのある子どもを親として育てることがいかに大変かについての理解と思いやりのもとに書かれているということです。こうした子どもの子育てには研究，計画性，仲裁，代弁，忍耐，活力，そして，思いやりが必要です。思いやりを自分自身にも向けることを忘れないでください。あなたはスーパーマンが高いビルの上を飛び越えるかのように，自分が面倒な仕事をこなせる「スーパーペアレント」だと感じる日もあるでしょう。そして敗北者になったように感じる日もあるでしょう。うまくいった日には自分を褒めましょう。そうでない日には失敗から学びましょう。

　この本は，おおまかに目を通してあなたのお子さんが取り組むべき分野を選べるように構成されています。一気にすべてを変える必要があるとは思わないでください。

Michele Toner, 2017

謝　辞

　筆者らが本書を執筆するにあたって Brad Jongeling, Emma Scriberras, Jan Herrington, Jenny Brockis, Wai Chen,　そして，Elizabeth Spencer Fawell から貴重な意見を頂いたことに感謝します。原稿のレイアウトを助けてくれた Andrea Scott にも感謝を送ります。最も大切なことですが，筆者らにこの本を書くことの着想をくれたすべての子どもたち，親たち，教師たちに深謝します。最後になりましたが，本書の執筆，編集，出版に至る数カ月間，筆者らを支援し激励し続けてくれた家族たちに感謝をささげます。

　注意欠如・多動症（Attention Deficit Hyperactivity Disorder：以下，ADHDと表記）は最も一般的な子どもの発達障害で，世界中のほとんどの国でみられます。ADHDに関する文献は数多く存在し，科学的な知見もたくさん得られていますが，いまだにこの障害についての議論は続いており，しばしば診断されないまま見過ごされています。

　親向けのADHDに関する本はたくさん出版されていますが，そのほとんどは科学的過ぎて手引きとしては使いにくいことがあり，親自身にADHDの傾向がある場合は特にそうです。

　この本は，最新の知識を簡潔で読みやすい形にまとめた，親と教師のための頼れるガイドブックです。ここには，医師が提供したいと思っていながら診察時間が限られているために提供することが難しい情報が網羅されています。この本ではまた，さまざまな状況で，薬物療法を受けているかそうでないかにかかわらず，あなたがADHDのある子どもとどのように向き合い，どのようにその子を代弁すればよいのかについての枠組みを提供します。薬物療法や代替治療の科学的根拠についてまとめ，ADHDについて一般に信じられていることを検証して俗説の誤りを指摘し，ADHDのある子どもと向き合うための助けとなる実践的なコツを提供します。

　この本は，ADHDのある子どもとその家族の生活を向上させることに情熱を燃やす発達小児科医（デシリー・シルヴァ教授）とADHDコーチ（ミシェル・トーナー先生）によって執筆されました。両氏

ともこの領域において20年以上の臨床経験があり，このような実用的ガイドブックのニーズがあることを認識しています。

　この本では読者としては，ADHDのある子どもの親，家族，および，教師を想定して，広範囲にわたる最新の情報を読みやすい形で提供していますが，こうした素晴らしい子どもたちと関わっている医療従事者，一般開業医，その他の専門家の方々にも読んでもらえることを望みます。

　このADHDについての頼れるガイドブックには，ADHDの科学的知見をまとめています。親や教師は，ここで示されている戦略によって，このありふれた発達障害をよりよく理解できる力を与えられるでしょう。この本は，ADHDにつきまとう偏見——「手に負えない子ども」，「育て方が悪い」，「怠け者」など——を取り除くのに役立つとともに，ADHDのある子どもを擁護するのに最も役立つ方法についてアドバイスを提供します。

目　次

第1章

知っておきたいADHDの基礎知識

第9章

ADHDに関する俗説を捨て，正しいコツを身につけよう！

子どもが楽しく元気になるための
ADHD支援ガイドブック
親と教師が知っておきたい9つのヒント

知っておきたいADHDの基礎知識

　注意欠如・多動症（ADHDまたはADD）は，通常は幼少期に，時として大人になってからも継続して見られる症状群で，主に集中力と注意に影響します。ある程度の注意不足，注意散漫，多動性，衝動性のいずれかまたは複数を示すことは，子どもでも大人でもよくあり，ADHDと診断される基準を満たすためには，日常機能に大きく影響する症状が，複数の異なる環境で一定数以上示されなくてはなりません。これらの症状については9ページのボックス❶にまとめました。

　ADHDのある子ども（および大人）にとっては注意を維持することが困難です。これは退屈な課題を行うときに特に顕著で，ひたすら課題を終えることだけを目的に大急ぎでこなそうとするか，またはまったく終えることができないでしょう。気が散りやすく，物をなくしたり忘れたりし，他人の邪魔をしたり，衝動的に何か口走ったり，しばしば落ち着きなく体を動かし，なかなかリラックスできず，順番を待つことや感情を抑えることが困難だったりします。こうした困難の程度が周りの仲間に比べて大きいために家庭，学校，社会，職場などでうまく活動できません。気が散りやすく不注意や多動性のある子どもでも，家庭や学校で適応できている場合にはADHDという診断が下されないこともありますが，学年が上がることで勉強の負担が増えたり，家庭や学校の環境が変わってサポート

が減ったりすると，ADHDと診断され特別な支援を受けられることもあります。ADHDの治療には家庭・学校での対処法に関する助言，専門家によるサポート（心理的支援，言語療法，作業療法，および，ADHDコーチの活用），代替治療，社会的スキルの獲得などが含まれ，薬を用いる場合も用いない場合もあります。

一般にADHDは3つのサブタイプに分類されます。ADHDのある子どもは成長していく段階で異なるサブタイプの症状を示すことがあります。

- 不注意優勢型：ボーっとしていて不注意な子と言われるサブタイプで，行いは比較的良いですが，学業成績は悪いかもしれません。しばしば学習障害を伴います。
- 多動・衝動性優勢型：多動で衝動的な子と言われるサブタイプ。
- 混合型：上の2つが混在しているサブタイプ。

ADHDの「H」は多動（hyperactivity）を表していますが，ADHDのある子どもがすべて多動というわけではありません。あなたのお子さんにADHDがあると医師が言った場合，それは不注意優勢型，多動・衝動性優勢型，または混合型の中のどれかです。

ADHDは生涯続く可能性があり，ADHDのある子どもの65％では成人後にも何らかの症状があります。ほとんどの場合，多動・衝動性は成長とともに治まりますが，不注意は成人後も続きます。

人生のさまざまな段階で，ADHDへの対処はとても困難になりえます。例えば思春期，受験，独り暮らしをはじめる，就職活動，人間関係を築くとき，他者と対立するとき，などです。本ガイドでは，ADHDのある子どもが小児から大人へと成長していく中で，自分の

症状を管理するのを助ける戦略について概説します。

ADHD を示唆する特性は何ですか？

- **不注意**：気が散りやすい，課題から課題へと慌ただしく手を付ける，一対一の指導下の方が良い成果が出る，集中力を失いやすい，作業の完了が遅い，本人の注意を引いて教えるのが難しい，といった傾向があります。その結果，このような子どもは本来の能力を発揮できません。心ここにあらずといった様子で夢見がちな，ぼんやりした子どももおり，「あちこちの花に飛び回るけれども蜜をまったく集められない蜂のようだ」と言う人もいます。

- **多動性**：落ち着きがなく，ソワソワしており，すべてのものに触れないと気が済まず，あちこちの課題にせわしなく手を付けます。「巻きすぎたネジ」，「モーター駆動」などと言われます。

- **衝動性**：よく考えずに，答えを口走ったり，行動を起こしたりします。

- **貪欲さ**：満足するということがめったになく，人を問い詰め，緊張させ，落としどころを知りません。「どこまでもしつこい」などと言われます。

- **社会的困難**：空気を読めず，威圧的で，注目を浴びようとします。「クラスの道化役」などと言われます。

- **協調運動不全**：協調運動が苦手で不器用，一連の動きがぎこちない，複数の作業を同時に行うことが難しいなどです。字は汚いことがしばしばです。

- **乱雑**：「ごちゃごちゃな状態」に気付かない，持ち物をなくし

がち，忘れものが多いなどです。就学後は勉強の予定を立て
る，宿題に取りかかる，複数の計画を調整するといったこと
が難しいでしょう。

- **変動性**：日によって調子の良し悪しがあり，気分の変動も激
しく，きわめて不安定です。
- **時間管理困難**：時間の経過に対する気付きが弱く，時間を管
理する能力も乏しいでしょう。

　作業が著しく刺激的なものであった場合，ADHDのある子ども
がより集中でき，話をよく聞き，情報を処理できることはよく
あることですが，その集中力が長時間にわたって続くことはな
いでしょう。

　「うちの子はコンピュータ・ゲームなら何時間も集中できるか
らADHDではない」と言う親御さんがいます。しかし，このこ
とはADHDがある可能性を否定しません。コンピュータ・ゲー
ムには定期的な促しやご褒美があり，いわば作業中に親や教師
が常に肩を叩いて続けさせているようなものだからです。定期
的な促しやご褒美のないドキュメンタリー・ビデオやボードゲー
ムなどでは，ADHDのある子の注意が最初から最後まで続くこと
はめったにありません。

　上記のあらゆる症状から，ADHDの子どもを持つことは親にとっ
て容易でないことは想像がつくと思います。しばしば子育ての技術
不足を咎められ，子どものいわゆる「行儀の悪さ」を責められるの
は親です。**しかし昨今では，子どもの行儀が悪いと，優れた子育て
も悪く見えてしまうことは理解されています。** 非常に大切なのは

ADHDの子どもの気持ちを理解することです。そうした子どもにとって人生はえてして困難なものであり，毎日のように嫌な経験をしている可能性があるからです。

ADHDは新しい病気ですか？

ADHDは目新しい障害ではなく，子どもの症状として過去100年以上にわたって報告されています。

1798年，ADHDと同様の障害と考えられる大人の最初の症例が，スコットランドのアレクサンダー・クライトン医師によって報告されました。1902年，英国初の小児科教授であったジョージ・フレデリック・スティル医師により子どものADHDが報告されました。彼は攻撃的，反抗的で躾に抵抗し，集中力が持続せず，感情の制御が効かず，自分の行為が引き起こした結果から学べない子どもがいると述べています。

1937年，チャールズ・ブラッドリーという精神科医が，問題行動のある子どもを対象に腰椎穿刺で髄液を採取する研究を行いました。その子どもの髄液は正常でしたが，処置後に頭痛を引き起こしたため，ブラッドリー医師はベンゼドリン（1930年代に風邪用の点鼻薬として用いられた刺激薬の一種）を与えました。すると，子どもの注意と集中力が高まり，特に数学でこれが顕著であることがわかりました。そしてベンゼドリン錠は「数学の薬」として知られるようになりました。1944年，リアンドロ・パニッツォンがメチルフェニデート（リタリン）を合成しました。この名称は彼の妻リタから取ったもので，彼女はリタリンを摂取するとテニスの競技中に集中力が高まることに気付いたと言われています。

1966年，微細脳機能障害という用語が登場し，これは全般的知能

は平均値あるいは平均値前後であるのに，軽度から重度までさまざまな何らかの学習困難，もしくは行動上の問題を持つ子どもを指していました。1968年，「小児期過活動反応」が報告されました。これは著しく多動な子どもに関するものでした。

1980年，米国精神医学会により『精神障害の診断と統計マニュアル（DSM）』が導入されました。これは精神医学において画期的な出来事でした。ADHDを含めほとんどの精神障害には診断を確定し得る特定の血液検査や画像検査が存在しないために，このマニュアルではそれら精神障害の状態像と診断方法に関する情報が提供されています。DSMは数回にわたって改訂され，最新版のDMS-5（第5版）は2014年に出版されています。

ADHDはどのように診断されるのですか？

ほとんどの精神障害と同様に，ADHDにも信頼できる診断を導くことのできる血液検査，脳波検査，脳画像検査は存在しません。ADHDは，一連の質問事項を用いた臨床面接や心理検査を受け，他の疾患を除外された後に診断されます。今日のADHDの診断には，DSM-5とlCD-10のいずれか，または両者の基準が用いられています。これらの診断基準を9ページのボックス❶に示しました。子どもがDSM-5によるADHDの診断基準を満たすためには，不注意の9症状のうち少なくとも6症状，または，多動・衝動性の9症状のうち少なくとも6症状，またはその両者が，ほぼ毎日あるいは日に数回起きている必要があります。これらの症状が複数の環境（例えば家庭と学校など）でみられること，12歳未満で始まり，6カ月間以上続いていること，日常の機能に大きく影響していることも求められます。また，これらの症状は子どもの発達年齢にそぐわないもの

でなければなりません。このため，就学前の子どもをADHDと診断するのは困難です。幼児期の子どもが衝動的で注意散漫で多動であるのは当然と考えられるからです。

DSM-5／ICD-10のADHD診断基準

以下の不注意症状を頻繁に，あるいはかなり頻繁に示す。

- 学校の勉強やその他の活動中，細部にしっかり注意が払えない，またはケアレスミスをする
- 課題や活動中に注意の持続が困難
- 直接話しかけられても聞いていないように見える
- 指示にきちんと従わず宿題や作業を終えられない
- 勉強や活動を計画するのが難しい
- 長時間にわたる集中を要する作業を避ける
- 学校用品，本，靴など，物をなくす
- 気が散りやすい
- 日常活動で物忘れが多い

以下の多動・衝動性症状を頻繁に，あるいはかなり頻繁に示す。

- そわそわ身動きする，手足でトントン音を鳴らす，座席の上でもじもじする
- 着席すべきときに席から立ってしまう
- 気分が落ち着かず，ふさわしくない場面で走り回ったり高いところへよじ登ったりする
- 静かに遊んだり活動に参加したりすることができない

- エンジンがかかっているかのように動き回って止まらない
- おしゃべりが止まらない
- 質問を聞き終わる前に唐突に答えてしまう
- 順番が待てない
- 他の人の邪魔をしたり割り込んだりする

DSM-5〔訳注：米国精神医学会より刊行された「精神障害の国際的診断基準第5版」〕**基準**：不注意症状が6つ以上，もしくは多動・衝動性症状が6つ以上，またはその両方が過去6カ月以上にわたって存在している。

ICD-10〔訳注：WHOによって作成された国際疾患分類の第10版（1990）〕**基準**：不注意症状が6つ以上と，多動・衝動性症状が4つ以上が，過去6カ月以上にわたって存在している。

症状の始まりは12歳未満である。

症状は家庭と学校など少なくとも2つの環境でみられる。

症状は学校，家族，社会的機能の著しい妨げとなっている。

小児科あるいは精神科での診察では，妊娠・出産の詳細な経緯，就学前の発達と行動，読み書きや計算能力を含む学校教育，仲間関係，睡眠のパターン，家族歴，他の内科・外科的症状，サプリメントや医薬品の使用等々について尋ねられるでしょう。また，血圧を含む身体測定を受けたり，ADHD診断を助ける一連の質問への回答を親と教師に求められたりするでしょう。場合によっては血液・尿検査など，他の検査を行う医師もいます。貧血がないこと，鉄分と甲状腺のレベルが正常であることを確認するためです。稀にですが，染色体検査や脳波検査をすることもあります。

診断で用いられる質問票と検査をボックス❷にまとめました。これらはADHDの中核症状に関するものですが，その他にもADHDに併存する，あるいは，ADHDに似た症状を呈する他の障害のリスクについて知る目的で，より詳細な別の質問票が用いられる場合もあります。これらの質問票は子どもの治療経過を追うために用いられることもあります。

ボックス❷
専門家がADHD診断によく用いる質問票

質問票	説明
DSM-5/ICD-10の ADHD評価尺度	DSM-5またはICD-10のADHD基準のみに特化した18の質問項目で構成される
コナーズ 幼児期評価尺度： 2～6歳	記入に20分を要し，不注意／多動性，感情制御，睡眠，変則的行動を扱う
コナーズ3： 6歳以上	この検査では不注意，多動，攻撃的行動，学習障害，仲間との問題，その他ADHDの診断に関連したさらに具体的な特性，反抗挑発的行動，素行症が測定できる。完全版は記入に20分，短縮版は10分を要する

質問票	説明
子どもの行動チェックリスト（CBCL）：4〜18歳	120項目から成り，行動および社会的能力を評価
子どもの行動評価システム（BASC）：就学前，小学校，中学・高校における3段階の評価	行動・情緒面の問題（攻撃性，素行症，不安，うつ，学習障害），適応機能（社会的スキル，学習能力），内在化障害・外在化障害に関する情報
SKAMP教師評価尺度	教室での行動および注意に特化した10項目の質問
直接観察	公認心理師による教室，運動場，仲間とのやりとりの観察

就学前の子どもがADHDと診断されることはありますか？

　ありえますが，注意が必要です。幼児期では注意力がいまだ発達の途上にあり，学童期に比べて長時間集中することができません。そのため，就学前の年齢でADHDを診断することは困難です。ただし，もし，ADHDの濃厚な家族歴があった場合には，就学前の子どもでもADHDと診断できる可能性が増すでしょう。しかし，その場合でも，就学前児童にADHDが診断されれば，異なる対処法を要す

る他の障害（全般的発達遅滞，言語発達遅滞，自閉症，難聴，視覚障害など）を見落とすことになりかねません。就学前児童の多動への対処は難しいですが，その方法はADHDの診断があってもなくてもほぼ同様です（これについては第4章を参照）。親と教師用のコナーズ児童期質問票はADHDの有無についてそれなりの指標になりますが，多くの場合は不安，感覚の問題，変則的行動，睡眠障害などの他の症状も関連しているでしょう。

ADHDの子どもは他のメンタルヘルス上の問題を持っていますか？

以下に挙げるように，ADHDと関連しているか，ADHDに似た症状を呈する精神医学上の障害は多くあります。むしろ，ADHDのみが単独であることは非常に稀といえます。子どものADHDに他の障害（併存症とも呼ばれます）が関連しているかどうかを理解することが重要で，それにより適切に対処できるようになります。

関連する障害	
限局性学習症	>50%
素行症	10〜20%
反抗挑発的行動	20〜35%
不安	20〜30%
抑うつ	10%
気分調節症	10〜30%
チック症	<10%
自閉スペクトラム症	10〜20%
発達性協調運動症	10%

ADHD →

限局性学習症群

　限局性学習症とは読み書き，または，算数や数学の学習が就学期間を通して困難であるときに診断されます。限局性学習症の症状には，文字や文章の読み方が不正確または遅いために努力を要する，文章表現が明確さに欠けて拙い，数的事実の記憶が困難，数学的推論が不正確などがあります。ADHDと関連したさまざまな学習の困難さは，単独の技能の問題としても生じ得ますが，以下の複数の組み合わせとして生じる方が一般的です。

- 読むことが困難な限局性学習症。読字障害とも呼ばれます。
- 書くことが困難な限局性学習症。書字障害とも呼ばれます。
- 計算することが困難な限局性学習症。算数障害とも呼ばれます。

　読字障害は，知能が平均から平均以上の子どもで読み書きに苦労するタイプの学習症を指します。こうした子どもの読書年齢は実年齢より2歳以上低いことがあり，字を書くことに苦労し（鏡文字になったり，書くのが遅かったりする），情報をそのまま写すことも困難です。学習症はADHDの子どもによくみられます。ADHDのある子どものほぼ50％が学習症を抱えていますが，ADHDのない子どもでは5〜10％です。

　読みは複雑な能力であり，一般人口の10人に1人が苦労しています。子どもがすぐれた読み手になるためには，文字や言葉を認識し，文字と音声の規則について知識があり，読んでいる事柄を理解できる必要があります。そのため，読みに関する困難さはさまざまな形で現れます。例えば，無頓着である，授業中に気が散る，不安を感じる，自己評価が低い，恥ずかしがる，怒りを感じるなどです。

学習症を抱える子どもは，中学・高校へと進むにつれ，抑うつ的になる危険性が高くなります。こうした子どもの抱える問題を突き止め理解し，家庭でも学校でも特別な支援をしていくことが大切です。

反抗的挑発的行動

　反抗挑発症は，家庭や社交的，学業的，あるいは，職業的場面で問題を抱える原因になります。この障害は6カ月間以上続いている権威的存在に対する頻繁な否定的，挑戦的，反抗的，敵対的態度によって特徴づけられます。ADHDのある子どもの約30％が反抗挑発症の診断を受けていると推定されます。

　挑戦的・反抗的態度をとる子どもがすべて反抗挑発症をもつとみなされるわけではありません。子どもは成長に伴いさまざまな発達段階を経ていきますから，定型発達の子どもが権威的存在に挑もうとする試みと，反抗挑発症の徴候との違いを理解することが重要です。

　反抗挑発症のある子どもは，以下のような特性をいくつも示すでしょう。

- 強い支配欲求があり，権力を得るためならほぼ何でもやろうとします。
- 自分の不作法の責任を認めないことが普通で，自分の行動が他者にどう影響するかをほとんど顧みません。
- 人づきあいの中で他人を利用しようとし，相手の反応にすばやく気付きます。その反応につけこんで家族または社会的環境のいずれか，または両方で優位に立とうとします。
- ひどく否定的な感情を向けられても平気でいます。むしろ大きな衝突や怒りを他者から受けて楽しんでいるように見え，

否定的な感情同士の闘いではしばしば勝者となります。

素行症

　素行症はADHDのある子どもの10～20％に見られます。この障害は頻繁な攻撃性や反社会的行動を引き起こします。それらの行動はその子の年齢から予想されるより激しいものでしょう。この障害は学習症とも関連することがあるため，学ぶことと教わることがいずれも困難となり得ます。素行症と関連する他の問題を詳細に評価して対処する支援により子どもの予後を改善できる可能性があり，それらの支援が早期に行われた場合は特に効果が期待できます。素行症とADHDへの適切な治療を受けられないと，思春期から青年期にかけて重篤な反社会的行動につながることがあります。

不安

　不安はADHDの子どもによくみられる症状で，ADHDの特徴を悪化させることがあります。ただし，不安を抱えること自体が学校での勉強や友人関係に支障をきたすため，他の症状と混同される結果に陥ることもあります。不安はしばしば攻撃性や感情の高ぶりとして現れ，気分調節症も含まれます。不安症群には以下の異なるタイプがあります。

- 全般不安症
- 分離不安症
- パニック症
- 広場恐怖症
- 社交不安症（社会恐怖）

不安症群はADHDの子どもの20％以上にみられると言われています。精神保健の専門家（心理士など）の援助を得て幼児期から子どもを理解し支援していくことが，子どもとその家族にとって助けとなります。不安の悪循環を断って軽減し，機能を向上させるために抗不安薬の使用が必要な子どももいるでしょうが，不安の主な治療法は認知行動療法（CBT）です。薬を用いたとしても，ライフスタイルを前向きに変化させることや心理学的支援と組み合わせることは必要です。

抑うつ

　ADHDのある子は悲しみ，憂うつ気分，否定的な思考と行動，睡眠障害，苛立ちやすさ，社会的引きこもり，希死念慮などを呈することがあります。その子に学習症がある場合，抑うつの危険が高まる可能性を心得ていることが重要です。また，抑うつは通常，臨床心理士，かかりつけ医，精神科医，小児科医のサポートを受けて適切に対処されることが大切であり，家族のサポートは不可欠です。重度の抑うつでは，医師から抗うつ薬による薬物療法を提案されるでしょう。ADHDの子どもの10％が抑うつを併存症として抱えている可能性があるため，このような子どもに適切に対処することが医療従事者にとって重要になります。

重篤気分調節症

　この障害はADHDの子どもの30％に合併し，特に男子に多いことが最近わかってきました。この障害に関連した特徴を挙げると，ごく普通のストレス因子に対して激しい癇癪を爆発させること，癇癪の頻度が多いこと（1週間に3回以上），一度起きた癇癪は数分から数時間にわたって続くこと，および，その子の発達年齢にそぐわな

いイライラした気分，などがあります。これらの症状は通常12カ月以上にわたってみられ，家庭，学校，親戚や友人と過ごしているときなど，複数の環境で起きます。

　この障害は双極性障害と間違われますが，両者は同じものではありません。双極性障害の場合，類似の症状が典型的には24〜48時間というはるかに長い期間にわたって継続します。16歳未満の子どもに双極性障害が診断されることは非常に稀です。重篤気分調節症であることを認識し，行動療法，心理療法，小児科と精神科の介入，そして，必要に応じて薬物療法により対処することが重要です。

発達性協調運動症

　発達性協調運動症は，運動統合障害と呼ばれることもあり，体の運動の協調が困難なために不器用な子どもを指します。運動場で高いところに登る，自転車に乗る，キャッチボールをする，服を着る，字を書く，スポーツなどの運動が苦手な子どもです。

　発達性協調運動症のある子どもは，運動障害を説明できる一般的な医学的問題（脳性麻痺，脳卒中，筋障害など）を有していません。発達性協調運動症はADHDのある子どもの10％以上に併存すると考えられています。通常は医師による評価ののち，理学療法士や作業療法士による標準的な運動検査によって診断されます。

　発達性協調運動症の特性は以下のように現れます。

- まわりの子どもと比べて動きがぎこちない，または不器用に見える（走り方やハサミの使い方がぎこちないなど）。
- 身体感覚が乏しい。例えば，自分と対象物との距離がうまく見極められないため，物にぶつかったり倒してしまったり，知らず知らずのうちに他人のパーソナル・スペースに侵入し

てしまったりする。

- 粗大運動のスキル（走る，跳ぶ，ケンケンをする，ボールを
キャッチする，高いところに登る，自転車に乗る，など）と
微細運動のスキル（字を書く，ボタンをかける，ビーズを糸
に通す，靴ひもを結ぶ）とのいずれか，または両方が困難，
あるいは発達が遅い。
- 運動を計画することが難しい。例えば，制御された一連の運
動の中で求められる身体的運動を前もって考え，作業をやり
遂げることができない。あるいは，一連の運動の中で次に来
る動作を，実際に示されたり口で説明されたりしたにもかか
わらず思い出すことができない。
- 運動を学習することが難しい。新しい運動技能を習得するの
が困難で，1つの環境下（例えば学校）で習得したとしても，
同じ動きを別の環境下（例えば自宅）で行うことが困難。結
果，その子は新たな環境下で再びその動きを教えてもらわな
くてはならない。
- 常に変化し続ける活動（バスケットボール，ネットボール，
テニスなどのスポーツ）が苦手。

自閉スペクトラム症

　自閉スペクトラム症は，その重症度に軽度から中等度あるいは重
度まで幅がある発達障害です。障害特性として，社会的スキルが（と
りわけ仲間とにおいて）乏しい，感情の共有が難しい，継続的な人
間関係を求めたり維持することが困難，などがあります。自閉スペ
クトラム症のある子どもは感覚刺激に対する複雑な行動を示すこと
もあり，偏食，衣服のボタンやタグへの敏感さ，特定の物へのこだ
わり，雑音や臭いへの過敏さなどに現れます。コミュニケーション

の困難さ，反復的行動，決まった手順へのこだわり，たくさんの儀式を持つが，その内容は時とともに変わる，なども特徴です。自閉スペクトラム症のある子の知能指数はさまざまで，標準以上に高い者もいれば明らかに低い者までいます。言葉を発しない子どももおり，そのような子どもの知的機能の評価は困難です。自閉スペクトラム症の障害は多様で，障害特性の重症度はそれぞれの子で異なりますし，時間の経過とともに変化することもあります。自閉スペクトラム症のある子どもがADHD症状を示すのはよくあることで，その場合は学校，家庭，仲間関係での困難さが増すでしょう。ADHDのある子どもが，自閉スペクトラム症と正式に診断される水準に達しない程度の社会性の問題，例えば仲間づきあいの苦手さを示すことはしばしばあります。こうした子どもは社会的スキルを学んで感情を理解することが役立つでしょう。自閉スペクトラム症とADHDの両方ある子どもが家庭と学校での対策に加えて投薬を試されることは珍しくなく，それにより症状が軽減される可能性があります。自閉スペクトラム症のある子どもは投薬にも敏感なことがあるので，中枢刺激薬，非中枢刺激薬，気分安定薬，抗不安薬，抗うつ薬など，異なる治療薬を試す必要があるでしょう。自閉スペクトラム症とADHDのある子どもが学業を達成していくためには，学校での支援（ADHDと自閉スペクトラム症に対する理解，補助教員の加配，個別指導計画など）が必須です。

チック症群／トゥレット症

チックとは反復的で不随意的な短い動作または音声のことで，脳内ドーパミン系の問題が関係していると考えられています。チック症群は児童期の一過性チック症，慢性運動性チック症，慢性音声チック症，トゥレット症に分類されます。チックは単純型か複雑型のど

ちらかです。単純型音声チックは低く唸る，フンフンと鼻を鳴らす，咳払いをするなど，単純型運動性チックはまばたきする，顔をしかめる，肩をすくめるなどです。複雑型運動性チックは一連の動作で，物に触る，しゃがむ，儀式的な動作などを繰り返します。複雑性音声チックは単語やフレーズを繰り返すもので，反社会的な言葉を繰り返すものは特に汚言症と呼ばれ，トゥレット症の子どもの一部に見られます。チック症はADHDの子どもの10％にみられ，こうした子どもにADHD治療薬である中枢刺激薬を用いるとチックはむしろ悪化します。通常，チック症は大人になれば減りますが，子どもの能力にチック症が悪影響を及ぼしているのであれば，支援によって不安を軽減させることでチックの強さを和らげることが可能です。不安軽減のために薬物療法が用いられることもあります。

ADHDは大人にもありますか？

　成人期ADHDはごく最近になって認識され（ただし，最初に成人におけるADHD様の症状が報告されたのは200年以上前ですが），その頻度は一般人口の約4％と見積もられています。かつてはADHDのある子どもはすべて大人になれば症状がなくなると考えられていたので，薬物療法も16〜18歳で中止されるのが普通でした。今日，これは誤りであり，思春期から成人期になっても65％ほどが何かしらのADHD症状を有し，30代半ばからそれ以降にも続いていることが知られています。大人のADHD治療は米国で他のどの国よりも多く行われており，その数が多すぎるのではないかと懸念されています。米国以外の国でははるかに数が少なく，例えば西オーストラリアでADHDの治療を受けている大人はわずか0.6％であると報告されています。

大人のADHDの症状は子どものそれと同様ですが，人生のさまざまな時期を経ていくにつれて，環境から求められることがますます複雑になっていきます。例えば大学に通う，就職する，親になるなどはいずれも新しく困難な課題です。ADHDの大人は集中する，締め切りを守る，仕事を最後までやり遂げる，動機を維持するなどに難しさを感じるでしょう。その困難さは退屈あるいは重要でないとその人が感じる作業の場合に特に顕著になります。自分のことを気が散りやすい，忘れっぽい，だらしない，先のことが計画できない，仕事，勉強，スポーツなどの結果にむらがある，といった低い評価をしがちでしょう。特にスピード違反が原因で交通違反や免許停止の通知を受けることが多く，交通事故にも普通以上の割合で巻き込まれるでしょう。

　ADHDは世代間で受け継がれることが非常に多く，ADHDのある人の子どもにもADHDがあることがしばしばみられます。自分の子にADHD症状が確認されて，はじめてADHDと診断される親がたくさんいます。ADHDのある子どもを育てることは親にとって非常に困難であることが知られています。親自身にもADHDがあれば，その困難さはさらに増すでしょう。親が診断と治療を受けることで，ADHDのある子の予後はさらに良くなるといえます。

　成人期のADHDには，精神科医が他の専門家たちと連携して対応します。ADHDのある子どものための治療薬と同様の薬で治療を受けられます。薬でADHDが治ることはありませんが，症状が軽くなり，それによって機能が向上する可能性があります。子どもの場合と同様に多職種による支援が最も有効です。カウンセリング，心理学的支援，コーチングなどがあります。

大人になっても薬を飲まなければいけませんか？

薬物療法を
受けている
子ども

→ 1/3は成長とともに症状が解消
し，薬物療法は必要ありません。

→ 1/3は成長後も何らかの症状が続
くが，成人期には薬物療法は不要
となります。

→ 1/3は成人期まで症状が続き，家
庭や職場で機能するために薬物療
法が必要です。

小児科医または精神科医の受診を考える際
――どのような情報が役立ちますか？

　子どもの代弁者として障壁を乗り越えて援助を得ようとする親に
とって，いろいろと苛立つことは多いでしょう。発達・行動・学習
障害に対して助けを得るべく小児科医の診察を受けるまでの待ち時
間は，地域によっては数カ月かかることもあります。そのため，診
察の際に親子ともに最良の情報が得られるよう万全の準備をしてお
くことが何より大切です。ボックス❸に子どもが小児科医や精神科
医の診断を受ける際に必要と思われる情報をまとめました。ボック
ス❹には診察前に考えておくと有用と思われる他の項目をリスト化
しています。

小児科医または精神科医の診察時に必要と考えられる項目

妊娠と出産の記録（母子健康手帳）

学校の成績通知表

聴覚検査の結果

視覚検査の結果

親と教師のADHD質問表（診察前に求められる場合もある）

心理検査の結果（発達検査，知能検査，識字能力・計算能力評価，教室と運動場での観察報告などが含まれる）

その他関連する報告書（言語療法，作業療法，理学療法，ソーシャルワーカー，言葉の教室，教育センターによるものなど）

小児科医の受診前に考えておくと役立つ項目

ADHDの家族歴

家庭での行動

学校での行動

兄弟姉妹に対する行動

家族での外出時の行動

子どもがストレスにどのように対処し，どんなことをするか

親子ともに腹を立てているとき，親として子どもにどう接しているか

睡眠：寝床での慣例，寝つき，睡眠の持続，いびき

日中，夕方，夜間の電子機器の使用

食事

朝，学校に行くまでの準備

学校をどう乗り切っているか

昼食時の行動

放課後の行動

宿題

放課後活動

子どもに最もよく対応できているのは誰か，そのやり方はどこが違うのか

落ち着いているとき，子どもはどんなことをしているか

子どもは自己制御が可能か

第2章

もっと知っておきたいADHDの応用知識

　多くの子どもはADHDと何とかうまく付き合っているように見えますが，重症ADHDのある生活はどんなものか，想像してみるのも有意義なことです。寝付きが悪く，朝は疲れがとれず不機嫌な状態で目覚めます。起きても，登校前には親やきょうだいから，登校後は先生や友だちや同級生から，指導されたり叱られたりし続ける結果におわるかもしれません。学校では『仲間』から苛められるかもしれないし，イラつきや悲しみを抱えてやっと帰宅しても家族から叱られ続けるだけかもしれません。何もかもがうまくいかず身動きがとれないように感じることでしょう。これらすべての経験を通して精神的な強さを身につけることを学ぶ人も中にはいるかもしれませんが，多くの場合は不安，抑うつ，自尊心低下，絶望などの心の症状をもつ恐れがあります。そして，これらの症状が，思春期から青年期にかけての日々に悪影響を与え続ける可能性があるのです。

　　ADHDの子どもが本来の力を発揮できるよう，彼らを支援する立場にある家族や先生や地域社会が彼らを理解しなければなりません。

ADHDは男子と女子とで違いますか?

　ADHDと診断されるのは男子により多く，男女比は4：1と言われています。男子にはADHDの症状として多動や教室での行儀の悪さがみられることが多く，したがって比較的早く気づかれます。ADHDに関連する発達早期の環境的リスク要因（ボックス❺を参照）のほとんどは男子でも女子でも共通ですが，男子では女子に比べ過去に不慮の事故があった子どもが多い傾向があります。小学校での読み書きにおける困難さも，ADHDのある女子に比べADHDのある男子によくみられることが知られています。

　成人期になるとADHDと診断される男女比はほとんど同じ（1.5：1）になります。この数値は，女子は小児期には診断されず，成人期になって初めてADHDと診断される場合が多いことを示しています。女子にはADHDの症状として多動よりも集中力の無さがみられることが多く，したがってもの静かで目立たない傾向があるため，小児期には本来の力を発揮できていないことが気付かれず，成人期になってようやく明らかになるのです。学級崩壊をきたすような大騒ぎをする男子（稀に女子も）は早い段階で受診につながります。ADHDのある女子は診断が遅すぎるために，学童期においては適切な支援を受けられないという不利益を被ることがあります。

ADHDは世界中に存在しますか?

　小児期のADHDはほとんどの国と地域にみられ，その頻度は3〜8％と幅があります。しかし，その数は増加する傾向にあり，先進国でより多く診断されています。近年，マスメディアはADHDを過剰に診断され治療されている『でっちあげの病』であるかのように報

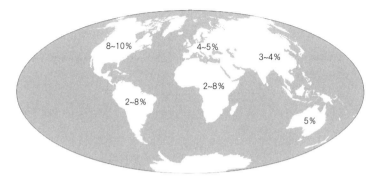

図1 世界における ADHD を診断される子どもの割合

じています。ADHD は 200 年以上も前から知られている障害です。そして，最近の 20 年間でこの障害の理解がさらに進みました。これは，ADHD のある子どもとそうでない子どもとの脳の構造と活動を機能的磁気共鳴画像検査（fMRI とも呼ばれる特殊な検査法。現在は研究のみに用いられ，臨床での ADHD 診断には用いられていません）を用いて比較した研究の成果です。ADHD の診断・治療が可能な小児科医や精神科医に受診できる地域において診断が増えています。小児科医，精神科医，公認心理師，言語聴覚士，作業療法士，ADHD 療育の専門家，教師，児童福祉士，そして，家族が ADHD に関するこうした研究結果を学び，家庭，学校，社会において悩んでいる子どもに気づいてあげられるようになりました。

　図 1 は世界各国における ADHD と診断される率を示しています。しかし，ADHD のある子どもの数が異なるのは，異なる診断基準が用いられているためかもしれません。一部の発展途上国では ADHDの受け入れと治療は限定的です。むしろ，体罰（たたく，殴る）が

用いられ，ADHDの症状を良くさせるどころか，長期的なメンタルヘルスの問題に繋がっている可能性があります。ADHDの薬物療法と非薬物的治療法のいずれも受けられない状況にある国々が世界にはまだまだあるのです。

ADHDは遺伝しますか？

ADHDには遺伝が強く関係しています。ADHDのある子どもの親やきょうだいがADHDと診断される頻度は，そうでない人々に比べ5倍から10倍高いと言われています。

ADHDの原因となっている遺伝子を特定しようと多くの研究が行われ，それらの結果からADHDの発症には多数の遺伝子が関連していることがわかりました。ADHDのある人の60〜70％に，親やきょうだいがADHDの症状をもつ（しかし正式に診断されていないこともある）という家族歴があります。

遺伝要因のみならず多くの環境要因についての研究も行われ，ADHDの発症に関連する妊娠中および乳幼児期という早期におけるリスク因子がいくつか同定されています。ただし，これらの早期リスク因子がすなわちADHDの原因であるという意味ではありません。ADHDの早期リスク因子の一覧をボックス❺にまとめました。

未熟児として生まれることは，わずかながらADHDの発症リスクを高めます。妊娠中の喫煙は発達途上にある胎児脳における神経伝達物質の量を減らすことがあり，そのためにADHDの発症リスクは倍増します。アルコールは胎児にとって有害と考えられ，妊娠中の多量の飲酒はADHDの発症リスクを高めます（少量であっても妊婦が飲酒すれば発症リスクが高まることが複数の研究から示されています）。妊娠中は断酒が最善の選択です。

ADHDのある子どもは頭に外傷を負ってしまう危険性がとても高く，そのような外傷がADHDの症状を悪化させることがあります。中耳炎や扁桃腺炎や他の感染症を繰り返す子どもでは，ADHDと診断されるリスクも倍増します。脳が発達中の特定の時期に，感染症やその他の炎症が引き起こされる状態がおきると，ADHD関連遺伝子のスイッチがオンになると考えられています（このような遺伝子のスイッチのオン・オフは"エピジェネティクス"と呼ばれています）。この領域におけるさらなる研究が行われており，今後，ADHDに関連する遺伝と環境のリスク因子についての理解が促進されるでしょう。

ボックス❺
ADHDに関連するいくつかの環境的リスク因子

妊娠と出産	未熟児，妊娠中の喫煙，妊娠中の飲酒，子癇前症，妊娠中の感染症，妊娠関連うつ病
幼児期	髄膜炎，脳炎，頭部外傷，中耳炎，扁桃腺炎，PTSD

＊本文でも述べたように「関連する」とはADHDの原因となるという意味ではありません。

ADHDのある子どもは，そうでない子どもとは違いますか？

　ADHDのある子どもはADHDのない子どもに比べ，脳の構造と脳内化学物質の量が異なっています。ADHDの子どもには以下のようなことがあり得ます。

- 脳内の特定の部位が小さいが，成人期までには正常に追いつきます。
- 大脳皮質の特に前頭部分における発達に遅れがあり，このために衝動的で未熟になります。ADHDのある子どもは同級生に比べ脳の成熟が2〜4年遅れているので，自宅ではその点を考慮に入れて対応する必要があります。学校の先生方も同様で，可能な限りこの点に配慮して子どもを指導する必要があります。
- 脳内の神経化学物質であるドーパミンとノルアドレナリンが減少しています。これらの物質には脳内の情報伝達が適切に行われるよう調整する働きがあります。

　図2は米国のフィリップ・ショウ博士の研究チームによって作成された脳画像です。ADHDのない子どもに比べ，ADHDのある子どもで脳の発達が遅れている部位をその期間により色を分けて図示しています。いくつかの脳部位では大脳皮質の成熟が2年以上遅れています。

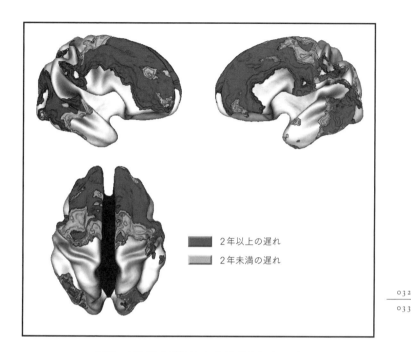

2年以上の遅れ
2年未満の遅れ

図2 ADHDと診断された子どもにおいて
大脳皮質の成熟に遅れがある脳部位

ADHDの子どもはどのくらい賢くなれますか?

　ADHDのある子どもの中には優れた知能をもつ子もいれば平均的
または低い知能を持つ子もいるなど知能指数（IQ）に幅があります。
ADHDがあると実行機能（制御，計画，記憶，情報処理の機能）の
障害が認知能力に影響します。ADHDのある子はIQの下位指標にい
くつもの強みと弱みがあることが多く，例えば言語理解や知覚推理
の下位指標は高いのに対し，ワーキングメモリーや処理速度の下位

表1 WISC-IV で評定される認知機能

	説明
言語理解	あらゆる教育の過程から習得された言語的な知識と理解を評定します。特定の状況に応じて用いられる言語能力も反映します。
知覚推理	視覚的な情報を理解し整理して，課題を解く力を評定します。
処理速度	集中力と眼と手の協応によって情報を処理する能力を評定します。
ワーキングメモリー	即時記憶と，特に数字を扱う課題における集中力を評定します。
全検査IQ	上記すべての指標に大きな隔たりがない場合にのみ算出されます。

指標は低いことがあります。このようなことから真のIQを評定することは難しいのですが，知能検査はADHDのある子どもに本来備わっている潜在能力についての手がかりを与えてくれます。

　ウェクスラー児童用知能検査第4版（WISC-IV）は表1に示すような認知機能の異なる側面を測っています。

　ADHDの影響を受ける脳部位は数多くあります。音声と言語，巧緻運動，協調運動，情報処理，短期記憶，そして時間管理を司る脳部位が含まれます。2～3カ所の脳部位だけの人もいれば，多くの脳部位に問題を抱えてしまう人もいるでしょう。子どもが自分自身の可能性に到達できるよう支援するためには，彼らの強みと弱みの領域を特定し理解することが課題となります。

実行機能とは何ですか？

　脳をオーケストラにたとえれば，各々の楽器がさまざまな脳部位に，指揮者が脳の実行機能にあたります。良い指揮者がいればオーケストラはうまく演奏できますが，指揮者がいなければ，たとえそれぞれの楽器が素晴らしい演奏をしたとしてもオーケストラとして美しいハーモニーを生み出すことはできません。

　実行機能（脳というオーケストラの指揮者）は日常生活を送るために重要です。実行機能によって，人は情報を取り入れ認識しその理解に基づき判断し，方針を決めることが可能になります。子どもの場合，計画を立てる，やることを整理する，優先順位をつける，記憶する，時間を管理する，作業を終えたら確認する，そして，複数のことを同時に行うといったことを実行機能が助けてくれます。

　ADHDのある人の実行機能は，大人でも子どもでも未発達もしくは統制されていないことがしばしばであるため，簡単な課題が複雑でイラつく作業になってしまいます。

　実行機能には複数の重要なスキルが含まれていて，ADHDのある子どもはそのような領域のいくつかにおいて悪戦苦闘しているかもしれません。

- **ワーキングメモリー**：情報を頭に留めおいて作業を完了する能力です。ADHDのある子どもは指示を覚えておくこと，聞きながらメモをとること，説明されたばかりのことを理解することが困難です。ワーキングメモリーが弱い子どもからは「何を言おうとしたか忘れちゃった」というセリフがよく聞かれるでしょう。多くの段階を踏む作業も苦手です。
- **自己モニタリング**：日常的な課題を把握し，できているかど

うかを評価する能力です。ADHDのある子どもは自己の状況や，やらなければいけないことの準備について部分的にしか把握できません。どのように作業を確認したら良いかもわかりません。

- **計画と順位付け**：目的の達成までの段取りを決め，優先順位をつける能力です。ADHDのある子どもは複数の仕事に戸惑いやすく，最終目的を見失ってしまうことがあります。

- **課題の取りかかり**：何かに取りかかる能力です。ADHDのある子どもは優先順位をつけることが苦手なので，周りからは怠け者とみられるかもしれません。何から手を付ければよいのか混乱してしまい，何もできないのです。

- **整理整頓**：情報や持ち物を把握する能力です。ADHDのある子どもは整理整頓することが難しく，物をよく失くします。整理できなくて罰則を受けるとしても，片付ける方法がわからないのです。

- **気持ちのコントロール**：目標や結果に焦点を当てて感情をコントロールする能力のことです。気持ちのコントロールが苦手なADHDのある子にとって，否定的な意見を受け容れることはできません。自己統制が苦手なので何かイラつくことがあると作業を完遂できません。

- **柔軟性**：計画が頓挫したときに，柔軟に応じたり，新たな方法を考えつく能力です。ADHDのある子は柔軟性に欠け，提案を非難と受け取ってしまいます。方向転換が難しく，結果としてフラストレーションが溜まり，パニックに陥ることもあります。

ADHD の症状がなくなることはありますか?

　あります。しかし多くは成人するまで症状が継続します。全体の約1／3は劇的に症状が少なくなり，成人期には普通に生活できます。次の1／3は，症状が減り，治療なしでも生活できますが，心理面での支援が必要になることはあります。残る1／3は，継続した薬物療法や支援が必要です。かつては18歳までにはADHDは克服され，その後の治療は必要ないと思われていました。これは今日では間違った認識であり，彼らの脳には2〜4年の成長の遅れがあると理解されています。児童・生徒であるうちは日々の枠組みがはっきりしていますが，卒業するとそれは失われ，ADHDのない人たちと同様に社会生活を送ることを期待されます。当事者の多くがこのような成長を遂げますが，ADHDの主症状が劇的に軽減する30代過ぎくらいまでは，周りの支援や理解が不可欠です。

ADHD のある子はどのように育ちますか?

　周辺環境や家庭内が非常に支持的であれば，ADHDのある子どもでも才能を開花し，彼らの実力を発揮することはできます。しかしながら，ADHDのある子どものなかには，たとえとても賢くても，学校生活においてうまくいかない子もいます。特に，適切な対応や支援を受けていないと，留年したり，同級生から嫌われたりし，社交性に欠けて自尊心が低くなり，反社会的な行為（喫煙やドラッグ使用）に陥ってしまう可能性が高まります。彼らは感情の起伏が激しく，睡眠に波があったり，好き嫌いが激しいにもかかわらず，成人期になって肥満になったりすることもあります。彼らのみならず，家族も大きなストレスを抱えます。いくつかの調査によれば，薬物

療法を受けている当事者たちは，危険ドラッグの使用，喫煙をしづらく，警察のお世話にもなりにくいという結果が示されています。さらに学校でも問題なく過ごし，より良いQOLを示すようです。

ADHDの子どもには睡眠の問題がありますか？

はい，あります。ADHDのある子どもの睡眠に関する問題について親が気づくことはよくあることで，睡眠パターンの問題は思春期そして成人期まで続くことがあります。

ADHDに関連する睡眠の問題には，多数の異なる種類があります。どの種類が当てはまるのかを理解することは，その問題への対処に影響します。薬はADHDのある子の睡眠を改善するかもしれないし，悪化させるかもしれませんが，中枢刺激薬の服用開始前から睡眠の問題が存在していることがしばしばあります。ADHDに関係なく睡眠の問題を引き起こす要因は多々ありますが，ADHDによりそれらが悪化することもあります。

- **睡眠行動の問題**：就寝前の電子機器（パソコン，スマホ，ゲーム機など）の利用，就寝時刻を守らない，過度の雑音，過度の照明，室温の変化（暑すぎたり寒すぎたり），寝具の寝心地の悪さ，不眠症，不安，および，寝るときのお供など。
- **子どもの睡眠に影響する疾患**：睡眠時無呼吸，ADHD，不安，てんかん，喘息，アレルギー，肥満，処方薬／市販薬，むずむず脚症候群（鉄分の不足と関係がある）。

ADHDのある子どもの睡眠の問題に対しては就寝前の行動にアプローチすることが有効ですが，長時間作用型の合成メラトニンを服

用することが効果的なこともあります。メラトニンは脳の中心部にある松果体で生成されるホルモンで，睡眠の調節に重要な役割を果たしています。睡眠の問題には，メラトニン生成量の不足や不安が関係しているかもしれません。寝る前の電子機器の使用などによって過剰な光を浴びると，メラトニン生成量が減ることがわかっています。合成メラトニンはこのような睡眠の問題をもつ子どもにとって非常に効果的です〔訳注：欧州と米国では市販されています。日本では長らく海外からの個人輸入しか入手する手段がありませんでしたが，ごく最近，メラトベル®という商品名で発売され，神経発達症のある児童（6〜15歳まで）のみ保険適用されました。主治医や薬剤師に相談してみましょう〕。

子どもの睡眠に関する問題について，医師に何を言うべき？

　受診前に，ボックス❻にある質問について考えましょう。子どもの睡眠の問題の解決に役立つ情報を医師に伝えることができます。

ボックス❻
子どもの睡眠について医師が尋ねる必要がある質問

- 通常の就寝時刻と起床時刻は何時頃か
- 睡眠前の習慣はどんなものか
- 平日と週末の睡眠前の習慣に違いがあるか
- 夜中に目覚めることがあるか
- とても心配になる（心配症）か
- 両親のふだんの就業時間はどうなっているか

- 子どもは寝室を家族の誰かと共有しているか
- 子どもの寝室にパソコン／テレビ／ゲーム機があるか
- 親は子どもの睡眠の問題にどのように対応しているか
- 帰宅後にカフェインの入った飲み物やチョコレートを摂取しているか
- 親と子は，どのように睡眠の問題に対処していきたいか
- 子どもはいびきをかいたり，夜中に何度も目を覚ましたりするか
- 夜間にとても落ち着きがないか
- 何か服薬しているか

電子機器への依存は問題ですか？

　パソコン，ゲーム機，インターネットやソーシャルメディアは児童・思春期において日常生活の一部となっています。多くの子どもにとってパソコン利用は問題ありませんが，ゲームのような活動の際には脳内報酬系が活性化し，快感情が高まるため，感受性豊かな子どもは依存しやすいのです。ADHDのある子どものコンピューターゲーム依存が増えています。長時間のゲームは抑うつ，不安，社交恐怖を増悪させ，子どもの睡眠サイクルと学業成績に支障をきたします。

　インターネットゲーム依存の診断要件をボックス❼に示します。診断のためには1年以上にわたり最低でも5つ以上の項目が該当しなければいけません。

インターネットゲーム依存の診断基準

症状	説明
ゲームに夢中	さっきまでやっていたゲームのことを考えたり，次のゲームのことを考えたりしている
ゲームを取り上げると禁断症状を呈す	一般的にはイライラ，不安，悲しみ 但し，薬物依存の禁断症状のような，目に見える身体的特徴はなし
耐性	ゲームに費やす時間がどんどん長くなる
自己統制の困難	ゲームに対する自己制御に失敗する
興味の喪失	ゲーム以外に今までやっていた趣味や楽しみへの興味を失う
長時間のゲームへの没頭	心理社会的に良くないとわかっているのに止められない
ゲームしている時間を偽る	家族やセラピストなどにゲーム時間について嘘をつく
不安やうつから逃げるためにゲームをする	罪悪感や不安，救いがないと感じている可能性

症状	説明
人間関係やキャリア を台無しにする	ゲームのせいで人間関係や仕事，進路 や昇進の機会を台無しにしたことが ある

　将来的に過剰なゲームへの没頭やコンピューターゲーム依存にならないよう，ADHDのある子どもがゲームに費やす時間を制限することを考慮すべきです。

ADHDと依存症状を示す他の状態像はありますか？

　はい，あります。たとえADHDがなくとも学校でうまくいかなかったり，何かの作業をやり遂げることができなかったり，容易に気が逸れる子どもがいます。ADHDだと誤解される症状はたくさんあるので，主治医はあなたのお子さんを診察する際にそれらについて確認するでしょう。そのような症状をボックス❽にまとめていますが，これらの症状のいくつかはADHDと併存することもあることを覚えておいてください。

ADHDと似た症状を示す状態像

- 睡眠の問題
- 視覚，聴覚，音声情報処理における問題
- てんかん
- 急性・慢性の身体疾患（例：慢性疲労，甲状腺機能低下症）
- 栄養不足
- アルコールの乱用
- 違法薬物の使用
- 抑うつ，不安，素行症，反抗挑発症（ただし，しばしばADHD
  に併存します）

　これらの障害のいくつかは，ADHD症状を悪化させると言われています。これらの症状が元々子どもがもっていたものなのか，ADHDによって生じたものなのかを判断する必要があります。注意深い問診と，このような問題を抱えていないかどうか確認することによって，ADHDの症状を軽減させることができるでしょう。

睡眠の問題

　慢性的な睡眠不足は，学校において集中力の欠落や落ち着きの無さ，日常的なイライラを引き起こします。ADHDの子どもの睡眠の問題の影響については38ページを読んでください。

　子どもの睡眠に影響を与える状況はたくさんあります。夜驚症，無呼吸症候群，喘息，アレルギー，照明，雑音，寝心地の悪い寝具，

暑さ・寒さ，寝床での電子機器の使用，就眠前の習慣の欠如などが挙げられます。投薬されていなくてもADHDがあることが子どもの寝付きに影響します。無呼吸症候群があると大きないびきや不規則に呼吸が止まることが多いです。これを診断するには，睡眠中の検査の必要があります。耳鼻科医の受診が必要になることもあり，子どもの扁桃腺と咽頭扁桃を除去することを勧められるかもしれません。そうすることで，睡眠が改善されるとともに，日中の集中力や行動を改善させるかもしれません。

てんかん

　てんかんはさまざまな年齢で異なる形で発症し，時にADHDに似たような症状を呈します。欠神発作が学童期におけるてんかんの現れ方です。教師は子どもがまるで魔法でもかけられたかのようにぼーっとしていたり，白昼夢の中にいるように見えることがあるでしょう。発作中，子どもは意識を失っており，この間の記憶はありません。ADHDと間違えられることがありますが，詳細な病歴の聴取と脳波検査を行うことで正しく診断され，効果的に治療されることに繋がります。

聴覚，音声情報処理，および，視覚における問題

　視力や聴力に異常がある子どもは家庭や学校で指示を聞き漏らしたり，読みに困難があったり，興味ややる気を失ったりします。授業の邪魔をしたり，問題行動を起こすかもしれません。中耳炎や慢性的な耳の病気がある子は，片耳もしくは両耳の聴力に難があるかもしれず，学業が困難になることもあります。このような子どもの多くが音声情報処理における困難さも有しており，聞こえたとしても内容を理解することが難しく，特に雑音があると簡単な指示に従

うことも難しくなります。情報処理の困難さは年齢とともに改善しますが，教師がこのような子どもを効果的に学習できるよう支援する方法はいくつもあります。音声情報処理能力は7〜11歳の間に検査されるべきです。

　　　ADHDと学習の問題が疑われる子どもでは，まず視力・聴力の検査を受けることが重要です。

栄養不足

　子どもの脳の発達を促進させるには，正しい食生活が必要です。色とりどりでさまざまな味や食感の食べ物を，種類豊富に摂取することが推奨されます。タンパク質では卵，チーズ，豆腐，赤身肉，白身肉，鶏肉，ジビエ，魚介類，牛乳とヨーグルト，ナッツ，豆類などが，ホルモンや神経伝達物質の代謝，創傷治癒，成長，発達に必要です。炭水化物，例えばパン類，米，豆類，穀類，パスタなど麺類，牛乳以外のミルク，乳製品，果物やジュース，一部の野菜は児童青年期の子どもの脳や筋肉の働きに必要です。

　十分な量の食事を摂らない子どもは，カロリー不足により丈夫に育つことができないでしょう。不十分な栄養摂取は主要栄養素欠乏や微量栄養素欠乏に陥ることがあります。例えば，栄養不足による貧血は易疲労，集中力の乏しさ，その他のさまざまな行動上の問題をもたらします。さらに，鉄不足の子どもには認知または知的機能の発達の遅れ，日中の眠気，夜間のむずむず脚症候群などのリスクもあります。

薬物やアルコール摂取

　ADHDやてんかんといったさまざまな障害を治療するために処方される薬の多くが，不注意や集中困難を引き起こす可能性があります。ADHDを治療する中枢刺激薬は，その一方で睡眠に影響を与え日中の集中力を低下させ，イライラを増加させるかもしれません。いくつかの抗てんかん薬も，ADHDと似た集中力の低下，易刺激性，注意の不足といった症状を引き起こしかねません。抗うつ薬や抗不安薬のいくつかにも鎮静効果があり，眠気をもたらしてADHDの症状と誤解させるかもしれません。

　アレルギーの治療に使用される抗ヒスタミン剤のいくつかも，日中の眠気を増幅させます。大麻などの違法薬物も注意を削いだり集中時間を減少させます。アルコールもADHDと似た症状を引き起こします。アルコールと薬物は，ADHDのある子どもの症状を悪化させもします。16歳以上のADHDの子どもには不定期の尿検査を推奨しますが，薬物使用歴があったり，友人関係が急に変わったり，言動の変化が見られるような場合には時々施行された方が良いでしょう。尿検査では，3～4週間前までに摂取した薬剤が検出されます。

第3章

ADHDはどうやって治療されますか？

　ADHDがあるために家庭や学校でうまくいかない子どもに対して検討するべき薬物療法や心理社会的治療法はたくさんあります。薬物療法はADHDの唯一の治療法というわけではありませんが，ADHDの中核症状（不注意，注意散漫と多動の両方またはいずれかの一方）を減少させるのにとても効果的であることが多く，その結果として子どもの自尊心や学業成績，家族機能，友人との関係，記憶，気分，睡眠を改善させるかもしれません。ここではADHDのある子どもを援助するための多くの心理社会的治療法を説明します。次に，第4章から第7章では，ADHDに最善の対処をするために役立つであろう多くの方略を紹介しています。

　　ADHDに対処していくことは，手間のかかる旅となる可能性があります。その旅では，ADHDのある子どもにとって最適なバランスを見つける上で，主治医やその他の関連する専門家と良好なコミュニケーションをとることが役立つでしょう。

心理社会的治療法

　ADHDと診断されているあらゆる子どもと青年に対して，薬物療法以外の治療法を考えるべきです。この節では役立つ可能性のある

方法に関するこれまでに示された根拠（エビデンス）について簡単に紹介していきます。

行動的介入

　ADHDに対して，非常に成功していると思われる行動的介入がいくつかあります。これらの行動的介入は特に教師よりも親たちによって報告されています。例えば，ポジティブペアレンティング（positive parenting），社会的学習，認知行動療法，ライフマネジメントコーチングスキル，家族関係の改善，ペアレントトレーニング，学校における行動介入プログラムなどです。さらに，これらの行動的な方略に薬物療法を組み合わせる方法が最もうまくいくことが証明されています。行動的な方略はADHDの中核症状の改善への効果は少ないのですが，その他の利点を多数もっています。例えば，養育方法の改善，家族や仲間関係の改善，日常生活や整理整頓に関するスキルへの支援，関連した素行上の問題を抱える子どもへの援助などが挙げられます。

食事療法

　不健康な（一般に飽和脂肪や精糖や加工食品を多く，果物や野菜を少なく摂る）食習慣はADHDとしばしば関係します。説得力のあるエビデンスによって，私たちが食べるものは，私たちの体重だけでなく気分や行動，免疫システムにさえも影響することがわかっています。研究では，私たちが食べるものによって直接的に影響を受ける腸内細菌が注目されています。最近の研究では青野菜，果物，マメ科，木の実，全粒（穀類）のような主に植物を中心とした地中海風の食事を摂っている子どもたちにはADHD症状が少ないことが示されています。

また，ある種の食物脂質は注意の切り替えや集中に影響を与える可能性があります。脂質は化学構造に基づき飽和脂肪酸，単不飽和脂肪酸，多価不飽和脂肪酸に分けられます。多価不飽和脂肪酸のうち，体内では生合成できず食事から摂らなければならないものがあり，これらは必須脂肪酸と呼ばれています。必須脂肪酸は私たちの脳と免疫にとって重要な働きをしています。必須脂肪酸はさらに，オメガ3とオメガ6の2群に分けられ，オメガ6群は体内のありとあらゆる場所に存在しているのに対し，オメガ3群は脳内の細胞に集中して存在します。これまでの研究から，行動上の問題，癲癇（かんしゃく），睡眠障害の強さはオメガ3群の欠乏と関連し，呼吸器感染症の罹患率，抗生物質使用率の高さはオメガ6群の欠乏と関連していることが示されています。新鮮な魚を含む，身体によい健康的な食事は必須脂肪酸を摂取するのに一番よい方法です。必須脂肪酸は，中枢刺激薬の有効性の高さには及ばないものの，ADHDのある子どもの集中力を改善する効果があることが示されています。ADHDのある子どもには好き嫌いが激しかったり，味覚や口腔感覚の問題を抱えていたりする子もいるので，魚油を進んで摂ることはあまりないかもしれません。食物脂質のADHDへの効果を支持する証拠は信頼性があまり高くないため，ADHDのある子どもに魚油などのサプリメント摂取を強制すべきではありませんが，それでも必須脂肪酸を含んだ食事を摂取させるための方法をみつけることは重要です。

　合成着色料を減らすことがADHD症状を有意に改善する効果を示すことがあり，特に子どもが食物不耐症をもつとわかっている場合がこれにあたります。着色料と症状の関連性について調べるときは，教師よりも親から情報を得た方が明白になります。一般的に合成着色料は健康的ではないとみなされていますし，成長と発達以外の側面にも影響するようです。

ファインゴールドダイエットと呼ばれる食事制限は，合成着色料，香味料，保存料，天然のサリチル酸を取り除くもので，かつてはADHDのある子どもに推奨されていました。しかし，この食事制限の有効性を示した元々の研究の方法論において，その知見に影響を及ぼす欠陥があった可能性が判明し，その後の研究ではこの食事制限の主張は支持されていません。

　一般に，食事は重要であり，行動や脳の発達におけるさまざまな側面に影響を与える可能性があります。若年からの健康的な食習慣と，妊娠中の良好な栄養状態が奨励されるべきです。

ニューロフィードバック

　脳には子どもが眠っているか，夢を見ているか，白昼夢を見ているか，あるいは注意を集中しているかなどの状態によってさまざまなタイプの脳波が生じます。ニューロフィードバックは，脳が集中状態にあるのか，脳のどの部分が活性化されているかをコンピューター上の画面を用いて，視覚的にフィードバックして，自分の脳波を集中状態に変えるようにADHDのある子どもに教えることで，集中力の改善と注意散漫の緩和を支援する方法です。ニューロフィードバックに関する研究では，ADHDの中核症状には弱い改善を示していますが，ADHDで低下しやすいワーキングメモリーに対しては大きな効果が示されています。どのADHDのサブタイプがニューロフィードバックによる治療によく反応するかを見定めるために，今後，より多くの研究が必要です。

専門家による支援

　ADHDへの支援に関連する専門家には，言語聴覚士や作業療法士，理学療法士，公認心理師などが含まれます。ADHDのある子どもの

症状と年齢にもよりますが，いずれの専門家からも子どもは個別の恩恵を受けられます。

- **言語聴覚士**：コミュニケーションや言語，読み，ソーシャルスキルなどに学校で困難を抱える子どもを支援することができます。
- **作業療法士**：不安など感覚面の問題を抱える年少の子どもに，適度な感覚刺激を与えること（センソリーダイエット）を通して支援します。センソリーダイエットは食事療法ではなく，子どもたちの感覚的な環境を変化させたり一連の特別な運動をさせる療法です。子どもによっては作業療法士によって提供される方法を用いることで，手指の力と筆跡，および，体幹の改善に役立つかもしれません。
- **公認心理師・スクールカウンセラー**：ADHDに関連する行動上の問題，不安，抑うつを軽減するための非常に貴重な支援を提供することができます。これには，反抗挑発症や素行症のある子どもへの認知行動療法が含まれます。
- **管理栄養士**：あらゆる栄養素や食事面の問題について評価し，助言などの対処ができるように訓練を受けています。ADHDと併存する食物不耐症のための除去食テストについて指導してもらい栄養不足を防ぐことが重要です。
- **理学療法士**：発達性協調運動症のある子どもは平衡感覚，協調運動，体幹の強さのための理学療法が役に立つかもしれません。

ADHDコーチ

ADHDコーチは子どもや親とともに，目標を設定し，子どもたちの強みを見つけ，ADHDに関する知識を増やし，自尊心を育て，そして，ソーシャルスキルを改善するために働きます。ADHDコーチとクライアントは協働して，ADHDのある子どもが毎日の問題にうまく対処できるように効果的なやり方やその練習法を策定し，子どもが実行に移せるようにします。具体的な内容として時間の管理，整理，（やることの）先送りがしばしば含まれています。定期的なセッションを通じて，新しいスキルを学んだり，新しいルーティンを導入したりする度に説明とサポートを提供します。

注意喚起：コーチングの業界に規制はありません。これは，訓練の水準や有無に関係なく，誰もがコーチを自称できてしまうことを意味します。自分のADHDコーチは賢く選びましょう。ADHDコーチは，国際コーチ連盟（ICF）やADHDコーチ専門団体（PAAC）資格のあるメンバー，あるいは資格を有するメンターコーチの下で資格取得に向けて積極的に活動している人を選ぶべきでしょう。

個別指導

個別指導はADHDのある子どもが特に特定の学習上の困難を抱えているときに，それにうまく対処していく上で重要なものです。読みの特別なプログラムは，音韻意識を教えることが可能であり，早期に開始することは不安や抑うつを減少させる鍵となるかもしれません。不安や抑うつは学校で苦労しているADHDのある子どもに対して，さらに状況を悪化させることがあります。ADHDのある子どもは特に教室で気が散ってしまうと情報を見逃してしまう傾向にあ

るので，より小規模なクラスや個別指導による学習を行うことで改善されるかもしれません。

野外活動や運動

　野外活動には構造化された遊びとそうでない遊びがあります。ADHDに特別なことではありませんが，構造化されていない遊びは子どもの自信を改善し，ストレスや不安を減少させることが示されています。また，日常的に自然に触れることは，ADHD症状を減少させることが明らかにされています。日常的な運動，特に野外での運動は，集中力を改善し，落ち着きのなさを減らす可能性があります。研究では，運動が脳内の血流を増加させ，脳部位間の結合を高めることで，集中力が改善される可能性が示されています。

ADHDのある子に使用できる薬は何ですか？

　研究によればADHDと診断されてから服薬を開始するまで，しばしば2年から4年の間隔があることが示されています。薬物療法より先に，他のあらゆる治療法を試すことを親が選択するからです。この事実とはまったく逆に，マスメディアでは親が子どもに薬物療法を受けるよう強く求めるケースが切り取られて報道される傾向にありますが，これは稀なことです。

　しかし，子どもに薬物療法を受けさせることは，親として失格だということではまったくありません。ADHDのある子どもを育てる上で，家庭や学校でのサポートとともに，使える有効な薬があるのは心強いことです。

　ADHDの中核症状を扱う上で中枢刺激薬と非中枢刺激薬による薬

物療法が最も効果的な方法です。これら薬物療法についてはよく研究され，大規模な臨床試験において有効性が示されていますが，いまだにADHD治療薬を子どもに処方することについて誤った情報や懐疑的な見方，不安が多く残っています。

　もしあなたのお子さんが糖尿病や甲状腺の問題，または喘息をもっているとしたら，科学的根拠に基づく治療が行われることに疑いの余地はないでしょう。どうしてADHDのある子どもに同じようにしてはならないのでしょうか。ADHDが日常の機能（事故や怪我をする確率の高さを含む）や教育や自尊心に重大な問題を引き起こす可能性があるのに，中等度から重度のADHDを治療しないのは無責任であるといえましょう。ADHDのある子どもに最高の機会を提供するために，薬物療法が心理社会的治療と適切に併用されるよう，個人と家族から学校，地域社会，そして政府までのあらゆるレベルでの啓発が必要です。

中枢刺激薬による治療

　メチルフェニデートやリスデキサンフェタミンのような中枢刺激薬は，ADHDのための薬物療法で最も広く処方されており，優れた認容性を有しています。この20年間で中枢刺激薬によって治療された子どもの数は20倍に増加しています。ADHD治療薬は非常によく管理されています〔訳注：例えば日本では，中枢刺激薬の処方と調剤はADHDに詳しい知識をもち，かつ薬物依存を含む中枢刺激薬のリスクなどを十分に管理できる，ADHD適正流通管理システムに登録された医師と薬剤師に限られています。これらの医師と薬剤師は中枢刺激薬に関する講習を受講した上で，ADHD適正流通管理システムに登録されています。また，このシステムには診断されたすべての子どもと大人が登録されます。調剤された中枢刺激薬のすべて

表2　ADHD治療に用いられる一般的な治療薬

治療薬	頻度	効果の ピーク	作用時間	服用
メチルフェニデート (コンサータ®)	1日 1回	3〜4 時間	8〜10 時間	カプセル
リスデキサンフェタミン (ビバンセ®)	1日 1回	3〜5 時間	12時間	カプセル
アトモキセチン (ストラテラ®, 後発品あり)	1日 1〜2回	1〜2 時間	12時間	カプセル, 内用液, 錠剤
グアンファシン (インチュニブ®)	1日 1回	5〜8 時間	24時間	徐放錠

の処方も登録され，不適正な流通を防止し，適正使用の推進が図られています〕。

　通常，まず第一に薬物療法が効果的かどうかを確認するために中枢刺激薬が処方されます。もしも薬物療法があなたのお子さんの問題を助けても，その効果が続かなかったり，副作用がみられたりする場合はその治療薬は変更すべきです。もしも1日のうちに服薬が何度か必要であるときは，子どもや親，学校にとってはそれは難しいため，より長期に効果が続く中枢刺激薬をおすすめします〔表2に，日本で利用可能な中枢刺激薬と非中枢刺激薬について効果のピークや作用時間などの性質をまとめています〕。

　〔日本で処方されている中枢刺激薬はメチルフェニデート（コンサータ®）とリスデキサンフェタミン（ビバンセ®）の2剤です〕。中枢刺激薬は脳内の神経伝達物質に作用する薬で，ドーパミンの濃度

を上昇させるとともに，程度は少ないもののノルアドレナリンの濃度も上昇させます。これらの作用によって脳内の神経伝達における情報のやりとりをする能力が改善され，よりよい統合がもたらされます。どちらの治療薬を選ぶかは，いくつかの条件によって決まるので，主治医はあなたとそのことについて話し合いをするでしょう。

リスデキサンフェタミンをメタンフェタミン（覚醒剤）と混同される方がいます。リスデキサンフェタミンはADHDの治療に使われますが，メタンフェタミンは依存性や神経毒性がある違法薬物であり，服用は避けられなければなりません。この2つは互いにまったく異なる薬物です〔しかし，分子レベルでは小さな差異しかないため，わが国ではリスデキサンフェタミンは覚醒剤原料に指定されています。そのために，上述のADHD適正流通管理システムによる適正使用の推進が図られています〕。

非中枢刺激薬による治療

アトモキセチンは〔日本で利用可能な〕非中枢刺激薬です。この薬は抗うつ薬として最初に開発され，研究によって抗うつ薬としての効果は小さいことがわかりましたが，集中力を改善することも判明しています。この薬は主にノルアドレナリン神経系に作用しますが，比較的程度は低いもののドーパミン神経系にも作用します。十分な効果が確認されるまでに6週間から3カ月ほどかかりますが，1日1～2回の服用で24時間にわたりADHD症状を改善します。

グアンファシンも〔日本で利用可能な〕非中枢刺激薬です。当初は高血圧症の治療薬として開発されましたが，その後の研究で多動・衝動性と不注意のいずれの症状も改善することがわかりました。前頭前皮質の神経細胞の後シナプスに存在するα2A受容体を選択的に

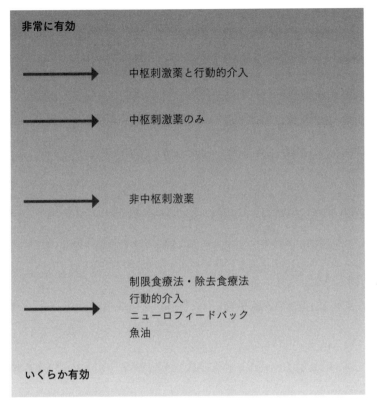

非常に有効

中枢刺激薬と行動的介入

中枢刺激薬のみ

非中枢刺激薬

制限食療法・除去食療法
行動的介入
ニューロフィードバック
魚油

いくらか有効

図3 ADHD の中核症状に対するさまざまな治療薬の有効性

刺激することで，この部位の神経伝達を増強させると考えられています。十分な効果が確認されるまでに3週間から2カ月ほどかかりますが，1日1回の服用で24時間にわたり ADHD 症状を改善します。

　非中枢刺激薬は中枢刺激薬が示すような即時的な効果は有していませんが，強い不安やチック症（チックは中枢刺激薬によって悪化

する可能性があります）のある子どもや，中枢刺激薬の副作用（不眠や食欲不振）が強く現れる子ども，および，中枢刺激薬と併用できない薬を服用している青年や成人にメリットがあるでしょう。

その他の薬物療法

表3に記載された薬剤は，中枢刺激薬や非中枢刺激薬と併用されたり，単独で用いられることがあるものです。これらの治療薬は多動性や不安，気分の安定，睡眠障害への効果が期待されます。

薬物療法にはどのような副作用がありますか？

薬物療法にはいくつかの副作用が起こる可能性がありますが，それらの問題は服薬を始める前からすでにADHDのある子どもにみられていたものかもしれません。服薬を開始した子どもの約50％は何ら問題なく服薬に耐えられます。30％の子どもは軽度の副作用を示したり，服薬以前より見られていた問題が悪化することがあります。これらの大部分は最終的には落ち着きますが，これらの子どものうち20％では適した治療薬が見つかるまでにいくつかの薬を試す必要があるかもしれません。約20％の子どもが中枢刺激薬に反応しないということ，そして，子どもに説明しながら他の心理社会的治療を用いる必要があるということに注意が必要です。

中枢刺激薬と非中枢刺激薬の副作用のリストをボックス❾に示しています。非中枢刺激薬は食欲や睡眠障害にあまり影響しません。非中枢刺激薬の重大な副作用として，生じるのは稀ですが自殺念慮があります。これは抗うつ薬を服用したときに生じる副作用ですが，アトモキセチンは抗うつ薬としての性質をいくらか備えています。薬を服用してからの最初の数カ月は自殺念慮のリスクが生じるかも

表3　ADHD症状の治療で用いられるその他の治療薬

治療薬	説明
SSRI（選択的セロトニン再取り込み阻害薬）	ADHDのある子どもの不安や抑うつに処方されます。セロトニンと呼ばれる脳内の伝達物質に作用します。日本で使用されているSSRIにはエスシタロプラム（レクサプロ®），パロキセチン（パキシル®），セルトラリン（ジェイゾロフト®），フルボキサミン（ルボックス®，デプロメール®）などがあります。副作用としてよく見られるものに消化器系の症状と体重増加が，稀ながら重大なものとしてイライラ感，自傷行為，自殺念慮の悪化があります。
リスペリドン	成人における統合失調症や双極性障害（躁うつ病）の治療に用いられる抗精神病薬です。自閉スペクトラム症のある子どもの気分を安定させるためにも使われます。リスペリドンは気分変動が激しい子どもに使われますが，食欲を非常に高めるため，特に肥満の子どもには注意が必要です。
クロニジン	本来は降圧薬ですが，気分を落ち着かせて不安を低下させる作用があります。眠前に子どもを落ち着かせたり，多動を減らすのに有効かもしれません。この薬を使用するときは血圧の管理が重要です。過剰に摂取（両親が個々に夜に飲む薬として子どもに与えるなど）すると重大な低血圧を引き起こす可能性があります。

しれないという危険性を知っておく必要があり，もしも自殺念慮が生じた場合には服薬を止める必要があります。ADHDのある子どもは不安や抑うつの症状をもち（第1章を参照），自殺念慮とともにこれらの症状が服薬の開始前からみられるかもしれないことを知っておくべきです。このような場合には，あなたの主治医は子どもを注意深く観察し，心理学的な介入を勧めるかもしれません。

　稀な例では，アトモキセチンは可逆的な肝障害（100万人に1人）を引き起こすことがあり，それは黄疸（肌が黄色く変色する）として現れます。もしもこのようなことが生じたら服薬を直ちに中止し診察を受けるべきです。

ボックス❾
中枢刺激薬の副作用

- 不眠や睡眠の問題
- 無口になる
- 体重減少
- 腹痛
- 眠気
- 血圧の増加
- 心拍数の増加
- めまい
- 動悸

- 悪夢
- 不安の増加
- 怒りっぽくなる
- 頭痛
- 悲しみや不幸感
- 泣きやすくなる（通常，服薬の効果が切れたとき）
- 攻撃性や敵意（特に服薬の効果が切れたとき）
- 運動チックと音声チックの増悪

ボックス❾のリストにあるいくつかの問題は服薬の開始前からみられるものかもしれませんし，服薬によって好転したもの，または悪化したものかもしれません。重要なことはあなたの主治医があなたの子どもを注意深く観察し，必要ならば他の治療の選択肢についてあなたと話し合うことです。中枢刺激薬を突然中止することは問題になりませんが，本当に重要なことは主治医とあらゆる副作用について話し合うことです。

服薬に関するよくある質問

中枢刺激薬は過剰に処方されていますか？

　これはよく懸念されることであり，しばしばメディアで議論されています〔日本でわかっていることは，2005年1月から2016年8月の間に医療機関で精神疾患の診断を受けた18歳未満の子ども4万8,027人のうち，ADHDの割合は2016年の時点で18.4%であったこと，および，このうち30%弱が中枢刺激薬を処方されていたということです〕。また，オーストラリアでは子ども人口のおよそ6%にADHDがみられますが，オーストラリア西部で中枢刺激薬を処方されている子どもは1.25%しかいません。これらのことから，〔日本でも〕オーストラリアでも，ADHDのある子どもすべてが中枢刺激薬を必要としているわけではなく，中枢刺激薬が過剰に処方されているとはいえないと結論づけることができます。アメリカ合衆国では人口の20%を超える男子がADHD症状をもち，その半数以上が中枢刺激薬を処方されていることが報告されています。なぜアメリカ合衆国と他の国との間で投薬レベルに差があるかを説明するために，現在さらなる研究が進められています。

中枢刺激薬は自分の子どもにとって安全であるか？

メチルフェニデートは1944年に初めて市場に出てからその副作用が十分に研究されてきました。最も一般的な副作用は食欲の減退であり，それに続いて薬が徐々に切れていくときの機能亢進を含む，睡眠障害や気分の混乱です。より長期に作用が持続する薬は副作用がより少ないようですが，常にそうであるとは限りません。治療薬に関して生じる問題は通常は軽度で短期間のものです。今日では，心臓に根本的な問題を抱える子どもに生じる可能性のある心拍数の上昇は別ですが，中枢刺激薬による長期的な影響は重大なものではないことがわかっています。治療薬の副作用を報告し監視するための複数のプロセスが決められており，いかなる薬物の有害反応も薬事委員会に報告され，調査されます。

毎日服薬しなければいけませんか？

治療において規則正しい服薬は最善の選択ですが，学校で集中するために服薬すれば十分な子どもも少なくないため，そういった子どもは週末や休校中に服薬をしない傾向にあります。もし服薬が子どもの行動や社会生活機能を助けるのであれば，規則正しく服薬を続けることがその子にとっては最善であるかもしれません。

子どもが薬を飲みたくないと言ったらどう対応すべきですか？

10代の子どもが服薬を含む人生のいろいろな面について自ら意思決定をすることは珍しくありません。年長の子どもであれば服薬することで悲しい，落ち込む，無口な，非社交的な，過度に深刻といった気分になることをうまく言葉にすることができるので，なぜその子が服薬したがらないのかについて確かめることが最善でしょう。これによって異なる治療薬を試すことについて話し合うことができ

るかもしれません。子どもによっては，服薬によって自分の身体がどのように反応するかを理解することで，服薬のメリットについて認識を深めることができることもあります。

子どもが薬を飲み込むにはどうすればよいか？

　薬を飲み込むことは味覚が敏感な子どもや，錠剤やカプセルが喉に刺さるように感じる子どもにとって非常にストレスに感じることであり，医師から処方された薬を子どもに確実に飲ませたいと思う親にとってもまたそうです〔日本で入手可能な治療薬と利用可能な剤型については，表2をご参照ください〕。

要約

- リスデキサンフェタミン（ビバンセ®）はカプセルに入っており，そのまま噛まずに，水やぬるま湯で飲みましょう。
- メチルフェニデート（コンサータ®）は特殊なカプセルに入っており，そのまま飲み込む必要があるので，砕いたり割ったりしてはいけません。
- アトモキセチン（ストラテラ®，後発品もある）にはカプセル，錠剤，内用液などさまざまな剤型があります。子どもが飲みやすいものを選ぶことができます。
- グアンファシン（インチュニブ®）は作用時間を長期化させるために特殊な錠剤（徐放性製剤）となっています。割ったり砕いたりすりつぶしたりしてはいけません。

錠剤やカプセルを子どもが飲み込むのを助けるヒント

- 水を一口飲み，それから舌の真ん中にカプセルや錠剤を乗せて，水をがぶがぶと飲んでみましょう。

- カプセルや錠剤をヨーグルトやジャム，粘着性のある食べ物の上に置いて，たくさんの水でそれを流し込みましょう。
- 子どもに飲み込む方法を教えるときに，ストレスを感じてはいけません。より飲み込みやすい方法がある他の治療薬について主治医と話し合いましょう。

薬物療法はどのように始めればいいですか？

あなたの主治医が薬物療法を始めるときにはいくつかの方法があります。一般的に提案される方法の１つに，まず作用時間が半日程度である中枢刺激薬から始める方法があります。この方法は子どもが普段は学校にいる日中に最高の集中力を得られる可能性を高めることになります。服薬は個々の子どもによりますが，２週間から４週間は続けます。子どもによっては，薬の効果が切れてくるにつれて，気が散ったり，不安になったり，涙がでるようになったり，攻撃的になったりするかもしれません。もしもそのようになったときには，主治医は長期作用型の非中枢刺激薬を試すかもしれません。これらの薬は服薬の効果が切れるときのリバウンド効果をより少なくし，日中のほとんどの時間で作用することが可能です。逆に，非中枢刺激薬を用いるときには，中枢刺激薬に比べて劇的で即時的な効果を得ることはできないかもしれません。あなたの主治医はお子さんに対してコンサータ®もしくはビバンセ®から服薬を始めることを検討するでしょう。これらは中枢刺激薬にあたります。ADHDへのどんな治療薬を用いるときも，"少量から始めて，慎重に進める"のが原則です。

症状はどのようにコントロールされますか？

　あなたのお子さんのニーズに合わせた最善の治療を得るには，複数の異なる中枢刺激薬や非中枢刺激薬を試す必要があるかもしれません。子どもによって治療薬の代謝の仕方は異なりますし，治療薬の効果や副作用も異なるパターンを示すでしょう。このことは親にとってはストレスになるかもしれませんが，あなたのお子さんに最も合う治療薬を見つけるためには最善の方法になります。治療薬によって対処すべき時間は朝なのか，放課後の宿題をやるときなのか，それとも寝る前なのかによっても異なります。子どもによっては最も良好なコントロールを得るには，中枢刺激薬と非中枢刺激薬との両方の服用を必要とするかもしれませんし，学校で集中する時間帯だけを薬でカバーする必要があり，週末や学校の休みまたはそのどちらかで服薬しなくてもよいかもしれません。こういうことはADHDの不注意優勢型によくみられます。混合型や多動・衝動性優勢型の子どもは，週末や学校の休み期間にわたっても服薬を必要とするかもしれません。お子さんが軽度の副作用を経験する理由で学校の時間外は服薬しない方がよりよい場合を除いて，「服薬の休日」は必要としません。ADHDの薬物療法は，あなたのお子さんの機能改善を助けるために脳のさまざまな領域をターゲットとしています。研究では服薬が特にワーキングメモリーの機能改善につながり，それによってお子さんの学業，特に計算能力を助けるかもしれないことを示しています。行動的な介入はワーキングメモリーや情報処理を必ずしも改善するとは限りませんが，それでもなお家庭や仲間同士，社会においてあなたのお子さんを支援する上で重要であることには変わりありません。

これらの治療薬はどのように作用するのですか？

　　　脳機能は何百万ものセルが蒸留水（神経物質）で満たされた車のバッテリーとして説明されることがあります。あるセルに十分な量の蒸留水が足りていなければ，車は正常に動くことはありません。それと同じように脳の信号も混乱した状態になったり，失われてしまったりする可能性があります。

　それぞれの脳神経細胞が，脳内で円滑な情報の伝達をするためには，ドーパミンやノルアドレナリンのような神経伝達物質を必要とします。一度，神経伝達物質がシナプスの隙間に放出されると，それらは細胞の中に再び取り込まれて再利用されます。ADHDのある子どもは脳細胞間で神経伝達物質（ドーパミンやノルアドレナリン）の減少がみられます。治療薬のすべてがこの領域をターゲットとしていますが，その作用の仕方は治療薬によって若干異なります。メチルフェニデートはシナプスの隙間からシナプス前のニューロンにこれらの神経伝達物質が再び取り込まれるのを阻害し，その結果，シナプスの隙間において神経伝達物質の濃度が高められます。これが結果としてドーパミンの増加につながり，そしてドーパミンほどではありませんがノルアドレナリンの増加につながります。

　リスデキサンフェタミンは不活性型プロドラッグであり，リシンと呼ばれる不活性型たんぱく質を付着されたデキサンフェタミンです。薬剤が吸収されて血中に入ると，リスデキサンフェタミンからリシンたんぱく質が分離します。このしくみによって，中枢刺激薬が潜在的にそなえている依存性を減らすことができます。

　アトモセキチンは非中枢刺激薬として知られており，通常は中枢刺激薬としての効果や副作用をもっていません。アトモセキチンは中枢刺激薬と異なり，ドーパミン経路に作用するのではなく主とし

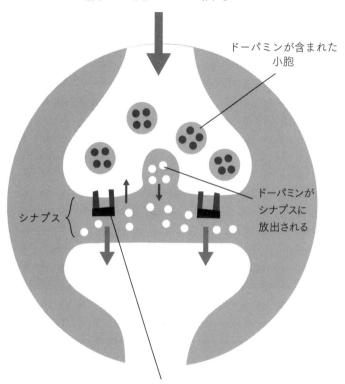

脳から送られる信号

ドーパミンが含まれた
小胞

シナプス

ドーパミンが
シナプスに
放出される

コンサータやビバンセはドーパミンの再取り込みを阻害します。
そのためシナプスにおけるドーパミンが増加することにつながります。

てノルアドレナリン経路に作用します。

　アトモセキチンは選択的ノルアドレナリン再取り込み阻害薬です。これは脳細胞間におけるノルアドレナリン神経伝達物質を増加させることを意味します。これによって集中力の改善というメリットをADHDのある子どもに与えてくれます。アトモセキチンは通常は低用量から始めて，2〜3週間かけて推奨される用量までゆっくりと増やしていきます。しかし，それでもこの薬による十分な効果が確認されるには3カ月はかかります。たいていは毎朝に一度，あるいは，朝と夕の二度，服用することで24時間にわたって効果が持続します。もし，疲労感の症状が引き起こされたなら，夜だけ服用することもできます。

服薬を開始したらどんなことに気づきますか？

　次に挙げるのは小児科医によって報告された親やADHDの子どもによるポジティブな声です。

- 「服薬を始めた2日間で，教師は非常に驚かされた！　書くことができなかった彼がクラスで一番になった」
- 「犬でさえも彼のことを好きだ」
- 「彼ははじめてパーティーに招待された」
- 「彼は以前よりずっと自信に満ちている」
- 「彼は笑顔でいて幸せだ」
- 「自分の脳の中の障害物が取り除かれた気分だ。もう混乱することはない」
- 「いつも自分は愚かだと思っていたが，いまは自分のことを賢いと信じている」

- 「彼女はいまや仕事にとりかかって終わらせることができるし，友人と過ごす時間をもてている」
- 「彼女はベッドを涙で濡らすことは無くなった」
- 「私たち家族はいまやみんなで外出することができる」
- 「私たち家族の家が壊れることはもうない」
- 「学校は大喜びで，服薬なしで彼を学校に来させることはしないだろう」
- 「彼女は初めてのパーティーについて聞かれた」
- 「ありがとう。私の人生は変わった」
- 「夫と私は2年前に息子と生活することのストレスがあまりに大きすぎて離れて生活をしていた。いまは家族が一緒になって，私たち家族の生活はずっと穏やかになっている」
- 「今，彼は学校で学びはじめている。これまでは，学校が彼の子守りをして，被害を抑える対策をしていると感じていた」
- 「いまでは自分の脳の中で物事を覚えることができる」
- 「彼はもう自分のTシャツを噛むことはないし，アイコンタクトをよくする。私たち家族は彼が家族の一員になったことをとても喜んでいる」

　以下は，同じく小児科医によって報告された親によるネガティブな声です。

- 「彼は食欲がまったく無くなった」
- 「彼女は寝つきのよい子どもだったが，いまは11時になるまで眠ることができない」
- 「彼は以前より心配性である」
- 「彼女はまるでゾンビのようにみえる」

- 「教師や私の家族は彼が抑うつ的にみえると思っている」
- 「彼は悲しそうにみえるし，午後にはより神経質になる傾向にある」
- 「彼女は学校ではよく集中することができるようになったが，家での行動はまるで悪夢のようです」
- 「服薬を始めてからの彼は悲しそうに見える」
- 「彼女は以前よりもおとなしくなり，友だちとそれほど遊ばない」

　中枢刺激薬や非中枢刺激薬は非薬物療法（行動的介入，認知行動療法，ニューロフィードバック，制限食療法や魚油など）よりも，ADHDの中核症状を減らす上でずっと効果的です（図3）。しかし，行動的介入や認知行動療法は家族や友人との交流を支援してくれます。

ボックス❿
薬はスキルを教えてはくれない

ADHDに対応する上で，服薬の有無にかかわらず以下の基本戦略が必要になります。

- あなたやあなたの家族のADHDに関する知識を改善すること
- ピアサポートグループをもつこと
- 学校で個別指導計画をもつこと
- ADHDに関係する認知行動療法を試してみること
- 家族療法を試してみること

- 物事を整理する能力やプランニングの能力を伸ばすために支援すること
- ADHDコーチングによるサポートを試してみること
- 必要に応じて関連職種のサポートを求めること
- 総合診療医や小児科医あるいは精神科医のサポートを求めること
- 子どもが適切な食事の選択や日常的な運動を身につけられるように助けること
- 野外で過ごす時間を増やすこと
- よい睡眠習慣を確実にすること
- 子どもが画面（テレビ・ゲームなど）を見る時間を管理すること

第4章

親は子どもと家族を
どのようにサポートすればよいですか?

メアリーの物語(Mary's story)

　娘のクレア(Claire)は不注意優勢型のADHDがあるために,ぼんやり空想にふける子です。不安症でもあります。学校ではいつも良い子で素直でしたし,彼女がいくつもの面で苦労していることに気づく人はいませんでした。私たちは彼女が6歳のときに新しい学校に転校させました。選んだ理由は小規模で生徒が中心となる学習をしていたからです。彼女が初めて登校した日,私が母親たちの数人に自己紹介をしたとき,同級生のトム(Tom)という男子から彼女を遠ざけるよう警告されました。「彼がADHD」だからでした。もちろん,その後すぐに私がしたことはトムの母親を見つけるためにその場を離れることでした。それが20年続く友情の始まりでした。

　トムの母親,アンドレア(Andrea)と私は互いにサポートし合いました。トムの行動に対する百回目の不満を小学校の先生から聞かされたとき,私は彼女のために同席しました。数年後,高校の理科の教師が娘の不安の原因が私にあると非難したとき,彼女は私のそばにいてくれました。私たちは自分自身で,そしてお互いに学び合い,新しい習慣を試してうまくいってもいかなくても毎回記録を交換しました。親類が私たちの子どもをサ

ポートできないときは，私たちが互いの家族になりました。私たちは一緒に子どもたちを気遣い，キャンプや遠足への参加を交替でしました。そう，アンドレアは私の娘の不安を落ち着かせるために，私は彼女の多動な息子の気分を変えるためにそこにいました。私たちは数えきれないほどのコーヒーと少しのお酒とで互いの負担を分け合っています。

　子どもたちもまた，お互いにサポートし合いました。クレアは言っていました。「今日，私がすごく神経質になっていたとき，トムは私が落ち着くのを助けてくれたよ。それから私は彼が学校に持ってきたタバコのライターを捨てるよう，彼を説得したんだよ」

ADHDの日常への影響とは何ですか？

　ADHDに伴う脳の実行機能の障害は，あなたの子どもの人生のあらゆる局面に現れます。ほとんどの人には些細なことのように見えるかもしれませんが多くのADHDのある人にとって生涯を通じて続く深刻な困難さであると認識することが重要です。子どもの脳で何が起こっているのか（あるいは起こっていないのか）を理解することは，この本に紹介されている対処法の中からあなたが最善の結果を得るために必要なものを選び，その習得を目標とするのに役立つでしょう。

- **一時停止ができません**：ADHDに伴う困難は，多くの場合スキルや知識が不足していることによるものではなく，要求に応じて（実行する時点で）スキルを発揮したり知識を引き出したりすることができないために起こります。例えば，あな

たの子どもは登校前の身支度の仕方をちゃんとわかっている
としても，何かに気を散らされると途中で脱線してしまうで
しょう。あなたの子どもは，気を散らすものを無視するとい
う判断ができず，取りかかっていた支度に戻ることができま
せん。子どもにとって注意を引かれたものは何であれ最優先
になります。方略とリマインダーは常に，実行する時点を標
的にすべきです。

- **時間を見失います**：ADHD脳は体内時計を持っていません。
  あなたの子どもが時刻を理解するためには，時計を見ること
  が必要です。楽しい課題に没頭していると彼らは時間が経っ
  ていることに気づかないでしょうし，課題が困難であれば時
  間が永遠に続くかのように思うでしょう。彼らは間近に迫っ
  た期限に向かって取り組むことはできますが，遠い先の期限
  は見失ってしまいます。その結果，多くの課題は最後の1分
  間に仕上げられます。ADHDのある子どもは振り返りや先の
  見通しもまた苦手です。このために結果にかかわらず「間違
  い」が繰り返されるのです。

- **記憶が抜けます**：ADHDのある子どもの多くは長期記憶が優
  れていますが，短期記憶あるいはワーキングメモリーに情報
  を保持することが困難であることがしばしばです。例えば，
  数学に優れている人でも暗算が困難な場合があり，話し言葉
  での教示は効果的ではありません。覚えておくべきことは（脳
  の）外に置くことが不可欠で，繰り返しになりますが，それ
  は実行する時点が望ましいということです。求められたとき
  と場所で何をやるべきかを子どもに思い出させるためには視
  覚的な促しが必要です。

- **自分でやる気を出すことができません**：ADHDは動機づけの

欠如を伴います。これにより，その場の環境に左右され，目先の結果と報酬が最も効果的な誘因になります。例えば，ビデオゲームは即時の報酬と結果を与えてくれます。一方，宿題には即時の報酬はなく，結果はいつか将来に得られる可能性があります。即時の報酬を含めて課題を達成させる仕組みを考えること，そして，子どもには難しい課題を完了させたときの報酬として楽しい活動を活用するよう教えることが重要です。

- **感情があふれ出ます**：感情のコントロールが難しいことはADHDの強い特性で，思考と行動に影響します。あなたの子どもは自分自身をなだめることが困難で，その結果として怒りを爆発させたり，ふさぎ込んだり，精神が崩壊したりするでしょう。

- **計画を立てて問題解決することができません**：このことにより，あなたの子どもはやりがいのある課題に直面すると失速してしまいます。例えば宿題や計画では，最初の一歩（のとりかかり方）が明らかでないときには仕上げるのも不可能であるように見えてしまうのです。課題を項目分けすることと実践的な計画を作って目に見えるようにしておくことが重要です。

ADHDがあなたの子どもにどのように影響しているか見つけましょう

- ADHDのある子どもたちは多くの共通した特徴を持っていますが，子どもによってADHD症状から受ける影響は異なります。さらに，あなたのお子さんのADHDに他の精神症状が併存していたら，かかえる困難さの組み合わせは唯一無二のものになるでしょう。

- 子どもに影響しているすべての状況について学ぶために時間をとり，それらの影響を観察しましょう。これにより，あなたは家庭で子どものために適切な環境調整を計画できるようになりますし，子どもを有意義かつ的を得た方法で擁護することもできるようになります。
- あなたの子どもに効果のあった方略や環境を記録する時間も取りましょう。あなたが先生や友だち，家族にその情報を伝えることができるようになります。

親自身にはどんなサポートが必要ですか?

　子育ては大変です。子どもにADHDがあると，子育ての課題はより一層難しくなり，特別な一連のスキルが必要になります。子どもたちを世話するのと同じように，親たちにとって自分自身をケアすることが不可欠です。ADHDのある子どもを持つことは両親の関係性に負担がかかりますので，夫婦の結びつきも同じように大事にしてください。

- **セルフケアをしましょう**：ADHDのある子どもの養育は厳しく，時間とお金がかかります。親として，私たちはいつも子どものニーズを第一に考えています。しかし，子どもを世話しなければならない親は，自分自身を世話する必要があるのです。
- **あなたの仲間を見つけましょう**：ADHDに取り組んでいる親は，時に世間から厳しく評価されます。そして世間はしばしば，ADHDの子どもとその養育者が直面している課題をはっきりとは理解していません。幸いにも，同じ境遇にいる他の

親から得られる素晴らしいサポートがあります。そうした親たちを見つけ，共に過ごしましょう。

- **あなたのメンタルヘルスを大事にしましょう**：ADHDの子どもの親は不安と抑うつが高くなります。もし，これが問題になりそうであれば，専門家の援助を求め，あなたのメンタルヘルスをケアしましょう。
- **一緒に取り組みましょう**：両親の間での対立はよくあることです。両親からの働きかけが一貫していることは，ADHDの養育のすべてを楽にします。いつも同じ考えを共有し，互いを支え合えるよう時間をかけましょう。もし必要なら，あなた方の働きかけと対立の解決を調整してくれる専門家の援助を得ましょう。

親は誰に，何を話せばいいですか？

あなたの子どもがADHDと聞いたら，人によってはとても協力的ですが，そうでない人もいます。これは友だちにも，地域の人々にも，そして親族にも当てはまることです。

- **話す人を選びましょう**：教師や家族のように，子どものADHDの診断について話す必要がある人がいます。そのような人々以外への開示には要注意です。ADHDについて知っていると思っている人のほとんどは，しばしば不正確なメディア報道によって知識を得ています。そのため，あなたの子どもがADHDであると伝えられた人は，持っているADHDに関する理解，あるいは，誤解に基づいた憶測をするでしょう。
- **診断ではなく，症状を言いましょう**：協力的ではないと思わ

れる人にADHDという診断を伝えるのは避けましょう。その代わり，症状とそれらに対処するための最善の方法について話しましょう。例えば……

- ○「デニス（Dennis）はすごく活動的になることがあるの。私たちは彼に何かしら運動をさせることで対処しているわ」
- ○「シャロン（Sharon）は時々空想にふけってしまうの。私たちは彼女の肩を軽く叩いて注意を引いているわ」
- ○「マイケル（Michael）はすごく感情的になることがあるの。私たちは彼の目を他のことに向けさせて彼の気をそらすようにしているわ」

• **情報の共有を提案しましょう**：ADHDはとてもよく研究されています。ADHDについて知る必要がある人と，研究結果に基づいたウェブサイトへのリンクや事実を伝えている記事や書籍を共有しましょう。ADHDに関するインターネット上の情報の多くは，興味本位で十分な知識のない意見を基にしていることを知らせましょう。

• **境界を作りましょう**：ADHDのある子どもの親として，あなたは善意のアドバイスや批判を受ける側であることに気づくかもしれません。役に立たずありがたくないアドバイスやコメントをくれる人たちと明確な境界線を引きましょう。あなたが診断と治療について専門家に相談していることを彼らに知らせましょう。必要に応じて，あなたとあなたの家族をサポートするために彼らができることを知らせましょう。

子どもにADHDについてどう話せばいいですか?

　あなたの子どもはADHD診断以上の存在です。彼または彼女は，独自の個性を持った一個人なのです。子どもとともに好奇心を持ち，子どもの個性が何か一緒に発見しましょう。そして，子どもたちのやり方にどのようにADHDが影響するかがわかるよう助けましょう。万能な方策はありません。ADHDコーチのバーバラ・ルーサー（Barbara Luther）は，あなたが子どもについてのすべての情報をノートに書き留めておくことを勧めています。これが将来，ADHDにうまく対処するための子ども自身のDIYマニュアル（取扱説明書）になるでしょう。

DIYマニュアル（取扱説明書）のための提案

- **自分について**：私の強み，興味関心，学習スタイル（情報の理解の仕方，学校で学んだことの思い出し方，空手やスイミング，サッカーやバレエの学び方）
- **集中するコツ**：私が集中する方法，集中し続ける方法
- **宿題の習慣**：私に効果のある習慣と自分自身へのご褒美の与え方
- **課題のコツ**：始めるためのコツと時間内に完成させるために役立つコツ
- **社交上のコツ**：私が友だちといるときに覚えておくこと，友だちとうまくやれる活動
- **アイデアのページ**：退屈なときに私ができること，コンピュータゲームの代わりに選べる活動
- **ストレス**：ストレスを感じていることにどうすれば自分で気

注文のご案内

直接ご注文の場合、クレジットカード決済による前払い、または代金引換にて発送致します。クレジット決済の場合、書籍は送料600円、雑誌のみの場合は送料400円。税込1万円以上のご注文で送料無料となります。代金引換の場合、冊数に関わらず書籍は送料1000円、雑誌のみの場合は送料800円。税込1万円以上のご注文で送料500円となります。

Ψ金剛出版　〒112-0005 東京都文京区水道1-5-16
電話 03-3815-6661　FAX 03-3818-6848　https://www.kongoshuppan.co.jp/

No.009

発達障害	アセスメント	ポジティブ心理学	自殺

自殺の危険〔第4版〕
臨床的評価と危機介入

高橋祥友＝著

自殺の危険を評価するための正確な知識と自殺企図患者への、面接技術の要諦を多くの最新事例を交えて解説した画期的な大著。

6380円

人生を豊かにするウェルビーイングノート
ポジティブサイコロジー×解決志向アプローチでこころの健康を育てる

松隈信一郎＝著

こころの「豊かさ」とは何だろう？ 昨今の混沌とした状況の中で、本書はポジティブサイコロジーを使いこころの健康を育てていく。

2860円

心理臨床における実践的アセスメント
事例で学ぶ見立てとかかわり

伊藤直文＝著

豊かな経験に裏打ちされた詳細な事例を多く収録。初学者から中級者まで心の対人支援に携わる人々のための臨床アセスメント入門。

3080円

PEERS 友だち作りのSST【学校編】
指導者マニュアル

E・A・ローガソン＝著／山田智子＝訳

学校現場に特化した友だち作りが身につく全16セッション。課題をひとつずつクリアしていく実践マニュアル。

4620円

働く女性のヘルスケアガイド

おさえておきたいスキルとプラクティス

荒木葉子　市川佳居＝編著

「成果が上がる健康経営」のための重要な解がここにある！　働く女性の能力を最大限に活かすために必要な健康管理とは？

3520円

キャリア・カウンセリング エッセンシャルズ400

日本キャリア・カウンセリング学会＝監修

廣川進　下村英雄　杉山崇　小玉一樹　松尾智晶　古田克利＝編

日本初キャリア・カウンセリングの総合辞典！　キャリアコンサルティングに必要な分野のキーワードを網羅した403項目を掲載！

6050円

ティーンのためのセルフ・コンパッション・ワークブック

マインドフルネスと思いやりで、ありのままの自分を受け入れる

K・ブルース＝著／岩壁茂＝監訳／浅田仁子＝訳

強い怒り、失望、恥、孤独などさまざまな感情を抱える心の中を理解し、それをうまく扱うためのセルフ・コンパッションの手引き。

3080円

アディクションの地平線

越境し交錯するケア

松本俊彦＝編

アディクションの問題に当事者、専門家、そして周囲はどう向き合っていくべきか。一四人の執筆陣による回復のためのヒント。

2860円

四人の精神科医による貴重な座談会の記録

複雑性PTSDとは何か
四人の精神科医の座談会とエッセイ

飛鳥井望=著

神田橋條治

高木俊介

原田誠一

本書は「複雑性PTSDの臨床」の発刊に併せて行われた四人の精神科医による座談会の記録と書き下ろしエッセイを収録。

トラウマ・PTSD 四六判／上製／2860円

子ども時代のトラウマから自分の人生を取り戻す

複雑性PTSDの理解と回復
子ども時代のトラウマを癒すコンパッションとセルフケア

アリエル・シュワルツ=著

野坂祐子=訳

複雑性PTSDの症状やメカニズムをわかりやすく説明し、自分へのコンパッションに焦点をあてたセルフケアのスキルを紹介する。

トラウマ・PTSD A5判／並製／3080円

Ψ 金剛出版

価格は10%税込です。

づけるか，それをどうすればマネージメントできるか（例え
ば，マインドフルネスを使うなど）

どうすれば子どもの自尊心とレジリエンスを促進できますか？

　ADHDの子どもたちは多くの課題に直面します。彼らの短所と
「失敗」はコンスタントに指摘され，いつも「一生懸命やればもっと
うまくできる」と言われます。自分の困難さに敏感に気づいている
彼らは，しばしば自分の強みと才能には気づいていません。

　上で論じた自分の個性の発見とともに，彼らが行動し活躍できるよ
うな肯定的な枠組みを作るために子どもと一緒に取り組みましょう。

子どもとの強い結びつきを作りましょう

- あなたはADHDのある子どもの親として，人生を歩むために
  必要なスキルをできるだけ多く子どもに教えたいと思うかも
  しれません。それは重要なことではありますが，あなたの子
  どもとの結びつきを作ることもまた重要なことなのです。
- 毎週一緒に遊ぶためだけの時間を過ごし，その時間はどんな
  指導や訂正も与えないというあなた自身へのルールを作りま
  しょう。あなたとの特別な時間を過ごすだけで，子どもはあ
  なたから学ぶことを知っておいてください。

ウェルビーイング

　ポジティブ心理学ムーブメントの創設者であるマーティン・セリ
グマン（Martin Seligman）による広範囲にわたる研究から，子ども
と大人のウェルビーイングを発達させ，翻って自尊心とレジリエン
スを高める指標として，以下が同定されました。ポジティブな感情

（Positive emotions），没頭・没入（Engagement），関係性（Relation-ships），意義（Meaning），そして，達成感（Accomplishment）です。頭文字をとって**PERMA**と呼ばれます。

- **ポジティブな感情**：スマイリーフェイス（☺）よりもっと複雑で，喜び，感謝，落ち着き，興味，希望，誇り，楽しみ，ひらめき，畏敬の念，愛などの肯定的な感情です。日頃から子どもの生活にこれらの感情を取り入れることは，子どものポジティブさと楽観性を高めるでしょう。

  ［演習］ポジティブな感情を選び，日頃からその感情を子どもが感じられるようにするための方法を見つけましょう。例えば，状況の楽しい面を指摘し，同じことをしてみるように励ましましょう。2週間毎晩，あなたが感謝していることを3つ書いてみましょう。荘厳な夕焼けに子どもを注目させましょう。

- **没頭・没入**：私たちがある活動や人との関係，プロジェクトに夢中になっているとき，没頭しています。没頭の重要な部分は，その人自身の強みの確認と活用です。

  ［演習］子どもが夢中になれる活動を見つけるのを手伝い，日頃から行うように子どもを励ましましょう。VIA性格研究所が無料で提供している調査（http://www.viacharacter.org/www/#nav）で子どもの強みを発見しましょう。子どもの生活の中でそれらの強みを見つけたら，その度に指摘してあげましょう。

- **関係性**：有意義な社会的やりとりはすべての人にとって重要です。しかし，ADHDのある子どもは仲間とのポジティブな関係を作ることにしばしば苦労します。

  ［演習］すべての子どもにはメンターが必要です。あなたの子

どもと親戚や友だちとの有意義な関係を育みましょう。あなた自身も子どもとの結びつきに取り組みましょう。そして他者との関係を作るために学ぶべき行動のモデルになりましょう。

- **意義**：私たちは自分自身のことよりも素晴らしいと思えることに献身しているときが最高の状態です。
  [演習] 子どもが野生生物の保護，自然林の再開発，募金といった運動に関わるように勧めてみましょう。子どもと一緒に地域の活動に参加しましょう。

- **達成感**：誰もが良いところを持っています。ADHD のある子どもたちはときどき自分たちがなにもうまくできないように感じることがあります。彼らに達成感を経験させるために，達成可能な目標を設定し彼らの達成をほめたたえることが重要です。子どもがその達成を割り引いて考えていそうなときは，彼らがうまくできたことを指摘するのも大事なことです。
  [演習] あなたの子どものために成功日記を始めましょう。子どもが達成したほんの小さな成功でさえも，毎日書き留めましょう。例えば，**「僕は学校に図書館の本を持っていくのを思い出した。僕は時間どおりに理科の宿題を提出した」**といったことです。

レジリエンス

　レジリエンスは，悪い体験から「立ち直る」ための個人の能力です。あなたの子どもの自己理解と自尊心，ポジティブさと全体的なウェルビーイングを伸ばすことで，子どものレジリエンスが高まるでしょう。以下のような，子どもの立ち直る能力を促進する機会もあります。

- **困難な状況になったときは一緒に問題解決を実践しましょう：** もし子どもがある問題に苦労していたら，それを解決するために考えられるすべての選択肢を調べる時間を取りましょう。あなた自身が人生で課題に直面したときのスキルをお手本にすることができます。
- **彼ら自身の闘いに立ち向かうことに力を与えましょう：** 自己擁護はあなたの子どもが発達するための重要なスキルです。あなたが子どもの代弁者としてスキルのモデルになり，彼らが自身の権利を守ることを学ぶように子どもをサポートしましょう。
- **楽観的な考え方のモデルになり勇気づけましょう：** 悲観的な考え方は変えることができます。子どもが悲観的になったときは指摘するための時間を取り，彼らの問題が肯定的な結果になる可能性に気づかせましょう。
- **子どもが間違え，それらから学ぶことを認めましょう：** 親は生まれつき子どもを守ろうとするものです。守ろうとするとき，多少のリスクを覚悟した励ましと，傷つきから守ることとを，バランスよく組み合わせることが必要です。子どもに次の機会には違うことをするように求めること，そして，新しい知恵を彼らが取り入れるようサポートすることで，間違いを学習の機会に変えていきましょう。

矛盾を予測して受け容れましょう

　　「ADHDに唯一一貫していることは，一貫性がないことである」

　　　　　　　　　　　　　　　　　　　——ラッセル・ラムゼイ（Russell Ramsay）

　ADHDに対する薬物療法を受けているときでさえ，ADHDの特性

である一貫性のなさが子どもたち，教師，そして，親を苛立たせます。ADHDのある子どもたちが，ある日は課題ができたのに次の日にはできないことがあることを理解するのは難しいことです。

- **一貫性がないことはADHDの一部であると受け入れましょう**：もしあなたの子どもが以前身につけたスキルを忘れているとしても，怠けているのではありません。
- **成功を祝い，成功日記に書き加えましょう**：将来の成功に向けて子どもを励ますためにそれらを使いましょう。決して子どもに「昨日はどうしてこれができなかったの？」と質問してはいけません。
- **子どもが一貫性のなさを受け入れることを助けましょう**：もしあなたがADHDのこうした特性にイライラしているなら，あなたの子どもにとってはさらにイライラすることであろうと考えてみてください。「昨日は良くできたのに，今日はどうしちゃったの？」と尋ねる代わりに，子どもたちが以前その課題に成功したこと，そして，再びできるに違いないことを思い出させるよう努めましょう。

あなたの計画するスキルを磨きましょう

- **ADHDの子どもたちには計画的な親が必要です**：整理したり計画を立てたりすることが得意な親もいますが，そうではない親もいます。もしあなたが計画的な親でないなら，あなたの計画するスキルを改善するために友だちやADHDコーチのサポートを得ましょう。ストレスと不満を軽減し，最大の結果を得るには事前に日課と活動の計画を立てることが必要であり，そのためのスキルが重要ということです。

- **ADHDのある親はいますか？**：ADHDのある子どもの半数は，ADHDのある親を持つ可能性があると言われています。わが子の診断をきっかけとしてADHDと診断され，自分自身にも同様の特性があることを認識する大人は多いです。もし，あなた自身，あるいはパートナーにADHDがあるかもしれないと思ったら，あなたとあなたの家族のために，ADHDを確認して対処するために必要な対策を講じましょう。(「ADHDは大人にもありますか？」21ページを参照)

ADHDにわかりやすい家族の生活習慣を作り，それを続けるにはどうすればいいですか？

ADHD家族の親はしばしば彼らの生活が大混乱だと言います。日課をわかりやすくすることが，この混乱状態を攻略するための助けとなり，子どもに必要不可欠なスキルを教えやすくします。最初に定着させるべき2つの最も重要な習慣は，朝の日課（学校に行く準備）と夜の日課（就床前の準備）です。習慣を確立するためには，やることリスト，タイマー，できたときのごほうび，一貫して実践すること，そして辛抱強さの5つが必要です。

朝の日課を簡単にしましょう
- **子どもと一緒にリストをまとめましょう**：朝にやらなければならないすべてのことについてリスト化しましょう。そして，そのリストを子どもが自分に合った形にアレンジするよう勧めましょう。例えば，もし子どもが芸術家肌であるか，または視覚的な促しに反応するなら，子どもがやるべきことを表す絵を描かせたり写真を見つけさせたりしましょう。もし子

どもが口頭の指示に反応するなら，ボイスメモで子どもにリストを録音させましょう。このやることリストを日課とするためには，毎朝同じ順序で行うのが最善の方法です。

- **リストを達成させるためにどのくらい時間がかかるか子どもと決めましょう**：そして子どもが起きる時間をその所用時間に応じて計画することを確実にしましょう。やることリストに子どもが集中し続けるために，タイマーを使いましょう。おすすめとしては，手巻き式キッチンタイマー，タイマーアプリ，やることリストとタイマーとを含んだアプリ，決められた所用時間にあわせて作った歌のプレイリスト，などがあります。

- **その場でごほうびを与えるようにしましょう**：決められた所用時間内にやることリストをやり終えたときに，子どもにその場でごほうびを与えましょう。これはお金で釣るわけではなく，実行した時点で得られる報酬です。ごほうびは具体的なものにすることを覚えておいてください。費用のかからない，子どもがやる気になるような報酬を選びましょう。例えば，子どもが集めているサッカーカード，お絵描きのためのクレヨンや色鉛筆，レゴやマイリトルポニーなどの玩具で遊ぶための時間，あとでパソコンを使うための時間と交換できる小石やクーポンです。報酬はある段階で魅力が失われるので，別のものに置き換える必要があることに注意しましょう。ほとんどの報酬は使い回しができるので，子どものDIYマニュアルに効果があったもののリストを残しておきましょう。

- **子どもが取り組むための足場を提供しましょう**：毎朝ベッドから子どもを起こしてタイマーをスタートさせ，子どものための足場を提供しましょう。子どもの経過を観察し，子ども

が課題を先送りしているように見えるときは，子どもをやる
ことリストとタイマーに戻しましょう。

- **我慢しましょう**：そしてADHDの特徴の1つに一貫性のなさ
があることを思い出しましょう。これは子どもがある日はやる
ことリストに沿ってやれるのに，次の日には難しくなるかも
しれないことを意味しています。悪い日にネガティブになっ
てしまいそうな誘惑に負けず，良い日を祝うことを思い出し
ましょう。

夕方の習慣をより簡単にしましょう

- **ベッドに入る前のやることリストを子どもと一緒に作りましょ
う**：もし期待できそうなら，夕食後に片付けをするなどの家
事を含めましょう。学校にふさわしい服を出しておく形で翌
日の朝の準備をすることも含めましょう。
- **テレビなどの時間を管理し，やることリストをやり遂げた報
酬として使いましょう**：例えば，子どもがベッドに行く前に
パソコンやテレビの画面を見ることで時間を費やしている場
合は，先に入浴や家事などやることリストにあるすべてをや
り終えさせましょう。

子どもの睡眠を改善するためのコツ

- 就寝時刻と起床時刻を明確に設定させ，一貫させましょう。
- 午後3時以降はカフェイン（飲み物，チョコレート）の摂取
を避けましょう。
- 寝室をデジタル機器のない空間にしましょう。すべてのデジ
タル機器（テレビ，タブレット，スマートフォンなど）は子
どもの部屋から出しましょう。これらの機器の充電は寝室で

なく居間でさせましょう。

- 寝室は落ち着いた雰囲気にし，静かで暗めにしておきましょう。
- 就寝時の日課は静かに行わせ，就床前の時間に刺激的な活動をさせないようにしましょう。
- 日中は子どもに昼寝をさせないようにしましょう。
- 昼間は戸外で日光を浴びて運動して過ごさせましょう。体内時計の調整に役立ちます。
- 子どもにリラクゼーションを教え，寝る前にマインドフルネス・エクササイズをさせてみましょう。
- 健康的な食生活にし，食品添加物，糖質，脂質を減らしましょう。
- 定期的に運動しましょう。睡眠を改善できます。
- 体内時計を切り替えましょう。目標にする睡眠時間を設定し，就床から実際に子どもが眠りに落ちるまでの時間をチェックしましょう。目標の睡眠時間に届くまで，毎晩15分ずつ就床時刻を早めましょう。
- 子どもの入眠を助け，睡眠サイクルを調整する効果が期待できるメラトニンを試してみましょう。〔この薬は日本ではメラトベル®という商品名のものが保険適用されているので，かかりつけ医に相談してみましょう〕

多動な幼児期の子どもを上手に扱う方法は？

　幼児期における子どもの多動は異常な行動ではないと考えられていますが，親と家族にとっては骨の折れることになります。ADHDの有無にかかわらず，子どもの多動をうまく扱うためには，以下の

ようないくつかの方略から取り掛かることが役立つでしょう。

- 良い行動にすぐ注目して言葉でほめる，悪い行動は可能な限り無視するなどの，肯定的な養育をしましょう。
- 子どものために一貫した制限をかけ，年齢相応の期待をしましょう。
- 子どもが聴いているか，理解しているかを確認しながら，子どもに明確で一貫した指示を与えましょう。
- 家庭での構造化と日課を維持しましょう。
- 良い食事と睡眠の習慣を作りましょう。
- 子どもが自身の行動には結果が伴うことを理解できるよう助けましょう。
- デジタル機器に子守をさせるのはやめましょう。
- 望ましくない行動を予測し，それが起こらずに済むよう子どもの気をそらせましょう。
- 子どもと一緒に遊ぶ時間を作り，決まりのない自由な遊びなど，子どもに遊びをリードさせましょう。
- 感覚刺激を減らしましょう。（例：雑音，大音量の音楽，まぶしい色など）
- 子どもと喧嘩しないこと。子どもはあなたの行動からすぐに学習します。
- あなたも子どもも落ち着いているときに，子どもの行動について話し合いましょう。
- 「あなたをとっても愛しているわ。でもあなたが頭にきているのを見ると私は悲しくなってしまうの……」などと話し始めるのが良いでしょう。
- 発達検査をすべきかどうかや専門家による支援，例えば言語

療法，心理療法，作業療法（第3章で述べたセンソリーダイエットを含む）の必要性について，かかりつけ医と相談しましょう。一部の子どもたちには薬物療法も役に立つことがあります。

切り替えを上手に扱う方法は？

実行機能の障害により，ADHDのある子どもにとってある課題から他の課題に注意を切り替えることはとても難しいです。例えば，ADHDのある子にとっては休み時間の外遊びから教室の机での作業に移ることが，他の子どもよりも長い道のりになります。子どもがワクワクすることからあまり魅力のないことへ注意を切り替えるよう求められたとき，特に難しいです。一例として，子どもにコンピュータゲームのスイッチを切って寝る準備をするよう求めることで，多くの家庭に大騒動が引き起こされています。日常的に要求される切り替えに加えて，小・中学校での進級や，中学校から高校への進学，高校から大学または専門学校への進学，転居などの大きな切り替わりもあります。

- **予告を出すことで子どもに切り替えを準備させましょう**：行動の終わりを示すためにあなたが予告を出すことについて，子どもの同意を得ておきましょう。例えば子どもが楽しい活動に取り組んでいる場合，その活動の終わりの10分前に子どもに予告しましょう。予告から終わりまでの時間がたどれるよう，視覚的なタイマーを用意しましょう。時間切れになったら，同意していた通りに活動を終わらせるよう，強く求めましょう。

- **日課を橋渡しとして新しい活動への切り替えを促しましょう：**例えば，睡眠衛生の実践が就寝時刻への橋渡しになり，日課に集中することが宿題や学校での新学期への橋渡しになります。
- **予行演習と事前調査をして子どもの大きな切り替わりに備えましょう：**例えば，子どもが新しい学校に移る場合は，学校のレイアウトに慣れるために，新学期が始まる前に子どもと一緒に学校を訪れましょう。子どもが自分の教室を確認するのを助けるために，前もって時間割のコピーをもらっておきましょう。子どもが1人でバスに乗る前に，新しいバス路線を一緒に乗って練習しましょう。

きょうだい（兄弟姉妹）についてはどうですか？

　ADHDのある子どもは家族の時間と資源の多くを占有しています。しかし，そのきょうだいたちが彼ら，彼女ら独自のニーズを持っていることを心に留めておくことが重要です。ADHDのないきょうだいの問題として以下のものがあります。

- 見過ごされたり不公平に扱われたりしている感覚。親はほとんどの時間をADHDのきょうだいに捧げていて，きょうだいの悪い行動とともに「立ち去る」かのように見えるでしょう。
- 学校でも家でもADHDのあるきょうだいの行動に困らされること，時には家に友だちを呼ぶのを避ける気持ちになること。
- ADHDのあるきょうだいを心配する，あるいは，その責任を引き受ける感覚。
- ADHDのきょうだいからときどき言語的あるいは身体的に攻撃されるという感覚。

これらの問題に対処する方略には以下のものがあります。

- **家族会議**：子どもたちがそれぞれ傾聴され尊重されるような家族での会話を勧めましょう。子どもたちに，誹謗中傷や非難をせず，敬意に満ちた方法で自分の不満を述べ，気持ちを表現することを教えましょう。すべての子どもが傾聴されることを保証し，必要に応じて自己主張スキルを教えましょう。コミュニケーションの目標には，些細なことでも日常的なことを，すべての家族のために設定しましょう。

- ボードゲームやカードゲーム，レゴブロックで遊ぶなどの，**共同作業を勧めましょう**：きょうだいが協力を受け入れ応える機会として，これらの活動を使いましょう。

- **それぞれの子どもの個性を知りましょう。**ADHD の子どもに家族の「問題」というラベルを貼ることは避けましょう。ADHD に関連した課題について話し合うとともに，彼らの強みについても強調しましょう。ADHD のないきょうだいの強みと課題について認めるための時間をとりましょう。きょうだいは彼または彼女自身の問題に対処しているかもしれません。

- **公平と特別扱いとの違いについて話し合いましょう**：養育スキルは ADHD の子どもたちに合わせる必要があります。例えば，ADHD に関連した行動に対しては時には手加減する必要があったり，時には無視するのが最善であったりします。もし ADHD でないきょうだいがこれらの働きかけの裏にある理由を理解すれば，公平だと見ることができるでしょう。同様に，ADHD でないきょうだいも公平な扱いを受けるべきであり，ADHD のきょうだいからの不適切な行動に耐えるものだと思われるべきではありません。譲れるところは譲りましょう。

- きょうだいとのタイムアウトを取れるよう，**それぞれの子どもに自分の空間を与えましょう**：そしてすべてのきょうだいに，その空間とタイムアウトを求められたときに尊重するよう教えましょう。必要なら遊びの日にもそうするようにしましょう。
- **それぞれの子どもに，個別にあなたと過ごす時間を与えましょう**：あなたの注目をその子だけに向けることができる場所で，他の家族とは離れた活動を計画しましょう。
- **必要なら専門家の援助を求めましょう**：もし問題が解決しないままだったりエスカレートしたりする場合には，ADHDに関連した家族問題を専門としている公認心理師との相談を検討すべきでしょう。

第5章

親は子どもに何を教えられますか?

アンの物語(Anne's story)

　私たちが親としてわが子との長い旅を始めるときに背負うバックパックには重い荷が入る可能性があります。教師との面談の度に息子のヒューについて「自分の作業に集中できません,忘れっぽいです,規則を守りません,話を聴きません」と言われ続けた数年の間,私のバックパックは重くなる一方でした。私は息子のためになると思われることなら何でもしていました。あるとき,若く素敵な先生が私のバックパックに手を伸ばし,重しを1つ取り除いてくれました。「アン,ヒューには不注意優勢型のADHDがあるのではないかしら?」。その救いの手は私にとって本当に大きなものでした。

　詳細な検査を経て,小児科医により薬が処方されました。私のバックパックはさらに軽くなりましたが,家族や友人からの情緒的な反応は時に冷たいものでした。ヒューは学校での課題への集中力が増し,それにつれ成績も回復しました。けれども整理整頓,時間の管理,および,社交的なやりとりには依然として問題が残されていました。そのため私たちはコーチングを試みました。コーチングで彼は,自分の日課をやりくりしたり,勉強の計画を立てたり,友人関係を育んだりするのに役立つ方

略に取り組みました。私の荷物はまた軽くなりました。

　教師との面談の夜，私たち親は息子がどの科目においても上位10パーセントにいることを先生方から聞かされることになりました。初めてのことでした！　何と素敵な学業成績であり，何と素晴らしい彼の努力の成果なのでしょう。しかし，それは彼がいかに素晴らしい人間なのか表現してくれた言葉とは比べものになりませんでした――「何事にも挑戦しようとするし，信頼できる子です。そして，不得意なことでも彼はいつも努力を惜しまないし，自分の得意なことであれば，困っている他の子を助けようとするんです。本当に素晴らしい若者ですね」と。

　その夜，私のバックパックは空っぽになりました！

　「薬を飲ませてコーチングへ通えば，魔法のマントが現れて，何もかも完璧になります！」と言いたいところですが，それは真実ではありません。家族と友人たちによるチームと学校での支持的な環境もまた必要です。親たちにとっては子どもを後押しし，さらに前を走って導き続ける必要がありますが，その頼みの綱があってこそやり遂げられるでしょう。

子どもに中断を教えるにはどうすればいいですか？

　ADHD脳には一時停止ボタンがありません。何であれADHDのある子どもの注意を引いたものが彼らの優先事項になるでしょう。何かをし始める間際の促し（リマインダー）の重要さについてはすでに述べました。それに加えて，簡単なマインドフルネスの手法を教えることで，一時停止することの効力を子どもに示してあげることができます。練習を重ねれば簡単になってくるので，こまめに繰り返し行ってもらう方法を見つけましょう。例えば，家中の効果的な

場所に中断を促すステッカーを貼っておくことで，一時停止の練習を子どもに思い出させることができるでしょう。瞑想の実践家であるエリック・ハリソン（Eric Harrison）のいう「ため息3回」が最適です。

1. 深く息を吸い込み，胸を開いていく。息を吐く際は，止めることなく吐き続けるようにする。そして再び息を吸い込むタイミングまで待つ。
2. 口を大きくあけながら，2回目の息を大きく吸い込む。そしてため息をつくように息を吐き出し，そして待つ。
3. 3回目の息を吸い込み，ため息をつき，止めるということを自然な長さで行う。
4. 普段のように呼吸をし，自分が今どのように感じているかに意識を向ける。

　この短く簡単な方法を子どもが一度覚えてしまえば，少しアレンジしても構いません。1回のマインドフルなため息だけで効果が得られることもあります。学校では，口からでなく鼻から息を出すようにすることで，騒がしくなく静かにできます。学校での一時停止を促すために，学校で使う手帳やロッカーにステッカーを貼っておいても良いでしょう。

子どもに時間の管理を教えるにはどうすればいいですか？

　「時間はすべての事象が同時に生じることがないようにしている。時間はより細かな時間に分けることが可能で，だからこそ私たちは一度に1つのことに取り組める」と言った人がいます。

けれども，これはADHDのある人にはあてはまりません。ADHD
では時間は崩壊しています。時間はブラックホールのようにな
ります。ADHDのある人には，すべての事が一度に起こっている
ように感じられています。そのため内的な混乱や時にパニック
の感覚が生じます。

ADHDのある人々は先を見通すことができず，優先順位をつけ
る力がありません。彼または彼女がいつもじっとしていないの
は，世界が崩れ落ちてしまわないよう努力し続けているのです。

——エド・ハロウェル博士（Dr. Ed Hallowell）

ADHDはタイム・ブラインドネス（time blindness）を生じさせ，
これによってさまざまな面に困難を生じさせます。

- **楽しいと時が飛ぶように過ぎること**：これは子どものADHD
  の場合に極度に体験されるものです。活動が楽しく刺激的で
  ある場合，子どもたちの注意は何時間にもわたってその活動
  に向けられますが，彼らにはとても短い時間として体験され
  ます。
- **課題がつまらなかったり難しかったりする場合には時間の経
  過がだらだらと遅くなること**：宿題にまだたったの15分間し
  か取り組んでいないことを伝えると，ADHDのある子どもた
  ちは1時間以上経ったかのように感じているので純粋に驚く
  ことでしょう。
- **見てわかる締め切りの時間が無い場合に課題の達成が難しく
  なること**：例えば，目で見てわかる時間の約束が無い状態で
  宿題を始めてしまうと，彼らにとっては終わりがないように
  見える，より厄介な課題になってしまいます。

- **視覚的支援が無い場合に時間の経過を予想することが難しい
　こと**：何らかの物理的な表示などがないままに，あと15分で
　家を出る準備をするように，と伝えることは適切ではありま
　せん。また，時間の経過が目に見える形で示されることなし
　にタイムアウトを与えてしまうと，子どもにはその時間が永
　遠に感じられるため，不安を与えることになります。
- **将来を予想することが難しいこと**：これは，例えば宿題の提
　出に問題を生じさせます。典型的には，遠い締め切りは緊急
　事態になるまで彼らのレーダーから見落とされ，与えられた
　宿題の多くは締め切りの前日に完成されることになります。
- **課題の完成に要する時間が過小評価されること**：これによっ
　てADHDのある子どもたちは，安請け合いしてしまったり，
　締め切りに間に合わせるには遅すぎる頃に取りかかり始めた
　りします。

　時間の管理ができるようになるためには見える形にすることが必
要で，時には聞こえる形にするのも有効です。子どもに時間を見え
る形にしてあげる際に役立つ方法として，以下のようなものがあり
ます。

- **視覚的タイマーのアプリ**：アプリはスマートフォンやタブレッ
　トにダウンロード可能です。典型的には一定の時間を円で表
　し，時間の経過とともにその色が変化するようになっていま
　す。15分で家を出る準備をする場合に，アプリで視覚的に15
　分間という時間を示してあげることで，子どもは時間をうまく
　使いやすくなります。また視覚的なタイマーは，作業量の多
　い課題を細分化して「短距離走」にするときにも役立ちます。

- **カウントダウンタイマーやねじ巻き式タイマー**：タイマーは スマートフォンやタブレットのタイマーを使わせたくない保 護者にとっては有効な代替手段です。従来型のねじ巻き式タ イマーはカチカチと音が出るため，子どもはその音を時間の 経過を意識するために利用できます。カチカチ音が苦になっ てしまう子どもには，電池式のカウントダウンタイマーをそ ばに置いておくことで，時間が減っていくのを見ることがで きるでしょう。

- **カレンダー**：カレンダーは，より長期の時間を視覚化するこ とができます。簡素な壁掛けカレンダーは素晴らしい道具で, これを一目見るだけで子どもは期日を理解することができま す。効果的に活用すれば，カレンダーが子どもに今日がいつ であるのかということや，重要な日が訪れるタイミングを一 目で示してくれます。日が過ぎるごとに斜線を入れていった り，ラインマーカーで線を引いたりして，子どもの視線をまっ すぐに今日の日付に向けさせましょう。そうしないと，子ど もは今日の日付を探すためにカレンダーの前で時間を費やし, 注意がそれて脱線することになってしまい，何も良いことが ありません。

- **電子カレンダー**：電子カレンダーは，特に学校でパソコンを 使っているより年長の子どもたちにとって効果的なツールで す。ただし，これを使用する場合には，1カ月全体を一目で 見るやり方を覚えておく必要があります。スマートフォンの カレンダーは情報を記録することやリマインダーを設定する ことには適していますが，1カ月の全体像を見るには小さす ぎますので，その目的で使用する場合には電子カレンダーに 同期させておきましょう。

- **ウィークリープランナー（スケジュール管理カレンダー）**：ウィークリープランナーは，月間のカレンダーと組み合わせることでとても有効に活用できます。1週間の詳細な予定を一目で見られることで，子どもは時間の配分ができるようになります。生活の中の異なる「領域」ごとに色分けすることで，課外活動や家族の行事，社交的な用事など，現在の時間帯に約束していることに参加できるようになります。宿題や課題のために使える時間を明確に示してもらえることで，子どもたちが締め切り前日の夜まで宿題をそのままにしてしまうことは減るでしょう。ウィークリープランナーはその日学校で必要なもの（体操着や図書館で借りた本を入れるカバンなど）を視覚的に知らせることもできます。

子どもに時間を守ることを教えるにはどうすればいいですか？

　年齢を問わずADHDのある人にとって遅刻はありふれたことです。子どもに学校や他の約束事などにおいて時間を守ることを教えることができれば，彼らにとって大きな手助けとなるでしょう。この技能を学んでいないADHDのある成人は，ネガティブな結果を非常に多く経験することになります。例えば，彼らが遅刻すると，友人には思いやりのなさと受け取られるでしょうし，雇用主には仕事への意欲の欠如とみなされるでしょう。

時間を守れるようになるための方略

- **大人が自分自身を整理すること**：大人自身が準備をし，子どものモデルとなることが必要です。時間どおりに出発するために前もって計画を立て，子どもに手本を示しましょう。

- **余計なことをしないこと**：上記の際，準備を整え，それを子どもに示すことに専念しましょう。洗い物をしたり電話をかけたりといったちょっとした仕事をしたくなる衝動を抑えましょう。

- **発射台を活用すること**：発射台とは，出かけるときに必要になる物を置いておく，家の中の特定の場所のことです。玄関の近くにカゴを置き，家を出る際に必要な物をそこから取るようにするといったことが家族の発射台になります。家族各々では，財布や鍵，定期券や交通系ICカード，その他の家を出る際に必要となるものをまとめて置いておく，寝室の棚などが発射台になります。登校日の前夜にランドセルや通学カバンを準備しておくと，すばらしい発射台になります。

- **到着予想時刻ではなく出発時刻に集中すること**：大人は予定の時刻に到着するためには何時に家を出なければならないのかを決め，その出発時刻にだけ集中するようにしましょう。到着予想時刻の方に集中してしまうと，「間に合わせるためには本当はあとどれぐらいでしなければいけないのか」というやりとりに多くの時間を費やしてしまいます。

- **出発する時刻を子どもに知らせる**とともに視覚的なタイマーをセットして，あとどれくらいの時間があるのかを示しましょう。必要に応じて時間を区切って15分間ずつの短距離走にしましょう。

- **必要に応じて準備品の一覧表を用意する**：子どもが集中し続けていられるよう，タイマーと一覧表を使いましょう。

子どもに覚えておくことを教えるにはどうすればいいですか？

　ADHDのある人はしばしば非常に優れた長期記憶をもっています。けれども，彼らは注意散漫だと言われることもあります。彼らは活動を完了させるために必要な工程を忘れがちで，彼らの頭の中では工程がうまくまとまっていないようです。これらの特徴は，ワーキングメモリーの障害によって引き起こされているものです。これをADHDの一部として受け止め，必要な支援体制を子どもと一緒に作っていくことが求められます。

ワーキングメモリーを形にする

　時間の管理の場合と同様に，課題をやり遂げるために必要な情報をその作業をする間際に目で見てわかる形で提示してあげることが，ワーキングメモリーの障害を補う効果的な方法です。ワーキングメモリーを形にする例として，朝と夜の日課表，宿題の一覧表，発射台，タイマーなどがあります。それぞれの活動と関係のある時間と場所に，子どもが思い出す手助けになるものを用意できないかどうか探してみましょう。以下はその他の例です。

- 筆箱のファスナーに目印になるリボンや小物をつけておき，子どもに宿題帳を使うことを思い出させる。
- 歯ブラシに輪ゴムを巻いておき，毎晩寝る前に寝室から電子機器を片付けることを思い出させる。
- 朝食のシリアルの箱に付箋を貼っておき，朝出かけるとき弁当をカバンに入れることを思い出させる。

リマインダーを改訂する

　大事なことは，リマインダーの効果は時が経つとともに失われ，子どもにとって単純に見えないものになってしまうということです。そのような場合には，道具をとりかえましょう。例えば，目印をリボンから別のものに変えるなどです。うまくいった道具は，子どものDIYマニュアルに記録することを忘れずに。それらは後々に再利用することができます。

子どもに持ち物の管理を教えるにはどうすればいいですか？

　環境が散らかっていると心も"散らかり"ます。ADHDのある人の脳が有効に機能するためには，整理整頓され，管理された環境が必要です。彼らが「何がどこにあるか，すべてわかっている」と言うことばに惑わされないようにしましょう。代わりに，置き忘れたものを探すことに彼らが費やしている時間の長さを目安にしましょう。子どもに必要な整理整頓のレベルと，あなたが許容できる乱雑さのレベルとのバランスが取れるところを探すことが大切です。覚えておくべき重要な点として，以下のことがあります。

- **子どもの意見を取り入れて整理法を考えましょう**：子どもが用いる整理法のあり方については柔軟に考えましょう。子どもたちに最初から発言権を与えれば，彼らは整理整頓を身に着けることにより意欲的に取り組むことでしょう。
- **整理法は単純かつ見える形にしましょう**：もし，子どもが立ち止まってある物をどこにしまうのかを思い出す必要があるとすれば，結局は誤った場所に置いてしまうでしょう。

寝室の持ち物について

　多くの寝室には「床たんす」があり，床の上に汚れた服と洗濯した服とが一緒になって置かれています。おもちゃ，本，ゲームの道具，ドライヤー，その他のよく使うものなどが好き勝手に散らかり，山積みになっているように見えます。それらのためのシンプルな整理法を子どもと一緒に作りましょう。その整理法の目標は，汚れのない新品のような寝室を作ることではなく，子どもや家族にとって使いやすい場所にしていくことです。常に，そのとき達成可能な目標を設定し，過度に高い基準を求めることは避けましょう。その他の方法には以下のようなものがあります。

- **寝室に洗い物かごを用意する**：もし，汚れた服を選り分けるために子どもが部屋を離れる必要が無くなれば，今よりもっと選り分けるようになるでしょう。
- **洗濯した衣服の単純な整理法を作る**：例えば，棚や引き出しにわかりやすい印をつける，使われていないハンガーをたくさん用意する，などです。
- **おもちゃ，パズル，ゲームの道具のためにわかりやすく印をつけた箱を用意する**：あらゆる物に対して，一目でわかる収納場所があれば，整理整頓はしやすくなるでしょう。
- **整理整頓の指示を一覧表にして貼っておく**：単に部屋を片付けるよう言い聞かせるだけでは，子どもはぽかんとした顔になるか，困惑するだけに終わってしまうでしょう。一覧表にしておくことで，まず初めにすることや集中すべき課題が示され，親子が共通の見通しを確実に持つことができるようになります。
- **「掃除」を教える**：親が許容できるレベルの整理整頓の具合が

設定されたら，それを保つことを子どもに教えましょう。理想を言えば子どもにすぐに片付けをしてほしいところでしょうが，子どもたちはしばしば忘れてしまう傾向があります。あるべきところにない物を見定めて，手に負えなくなってしまう前に片付ける，という視覚的な掃除の習慣を身につけさせましょう。

散らかっている物について

　ADHDのある子ども（および大人）は自分の持ち物で家中を散らかしてしまうことがあります。これにより2つの問題が生じます。ひとつめはそれによってさらに散らかり，共有の空間が侵略されること。ふたつめは家中が散らかっていることで頻繁に「失われた」品物を家族が探し回らなければならなくなることです。

- **散らかっている物のためのかごを用意する**：家の中に子どもが「散らかしてしまう」物を安全に入れて置ける場所を用意して，それを週に一度空っぽにするように，と子どもに指示を出しましょう。
- **発射台をつくる**：家を出るときに必要になる物に関しては，家の中のどこかを置き場所として子どもに割り当てさせましょう。例えば，寝室の棚，通学鞄，あるいは，他の都合の良い場所です。

学校の持ち物について

　子どもが学校で進級するにつれて，子どもたちの荷物はどんどん増えていくことになります。ADHDのある子どもたちは，中にはうまく管理している子どももいますが，多くの場合は学用品や教科書

やノートが整理法からはずれ，混沌とした状態になってしまいます。昼食の食べ残しが，丸まった紙と一緒にランドセルの底に溜まっていることもあります。宿題に必要な教科書を学校のロッカーに置き忘れてきてしまったり，反対に完成した宿題が家の「床たんす」に残されたままになっていたりします。これらの大混乱に収拾をつけるために，いくつかの単純な手順を踏みましょう。いつものように，これらの手順を選んだり工夫したりするときには，子ども自身の意見を取り入れましょう。

- **各教科を色分けし**，可能であればコア教科に関しては毎年同じ色を割り当てるようにしましょう。例えば，英語で必要なものは紫色を手に取るだけで揃うようにする，といった具合です。作業をする際に覚えておくべきことがより少なければ，作業もより簡単になります。

- **通学鞄を能率化しましょう**：複雑な収納の手順を避けて，急いでいても簡単に実施できるような手順を選びましょう。ある生徒たちは科目ごとに色を割り当てたノートを使用し，表紙の内側にある留め金で配布資料を保管するようにしています。別の生徒たちはすべての配布資料を入れるプラスチックのポケットが1つだけついたノートを選び，それをすべての授業に持参し，毎日家へ持って帰るようにしていました。手順が少なければ少ないほど，成功率がより高くなります。

- **作業する場所をシンプルにしましょう**：家に置いておく書類を収納しておくために書類棚を用意し，科目ごとに棚を割り当てることを検討しましょう。必要に応じてラベルを貼ったり，色分けをしたりしましょう。この方法はリングファイルに書類を綴じる方法ほど整然としているわけではありません

が，子どもがより少ない労力と手順で各教科の資料をまとめることを可能にします。

- **ロッカーを片付けましょう**：子どもと一緒に学校を（放課後に）訪ね，散らかりきったロッカーをやっつけましょう。子どもの時間割の各教科を色分けして，コピーをロッカーのドアの内側に貼り，付箋のような動かせる目印を使って，子どもに今日が何曜日なのか認識しやすくしましょう。こうすることで子どもたちは自分がすべきことや，次にどこへと向かっているのかを確認することに集中しやすくなるでしょう。学期が終わるごとにロッカー内の不要な物を処分し，次の学期が始まるごとにロッカー内を再び準備することを教えましょう。繰り返しますが，この作業は放課後に行うのがベストです。その方が子どもも恥ずかしがりにくいでしょう。

- **必要な物を，必要な場所で，必要なときに用意しておくこと**：自宅での日課の1つとして，予定表や宿題帳の確認をしながら次の日の通学鞄を支度する作業を毎晩行うことを，子どもに教えましょう。また，リマインダーを工夫して，子どもが放課後に自分のロッカーで立ち止まり，そこから家に何を持ち帰るべきかを考えられるよう助けましょう。

子どもに友だちとしてのふるまいを教えるにはどうすればいいですか?

　ADHDのある子どもたちにとって社会的なやりとりがしばしば問題となります。友だちがいることは稀で，お誕生日会に招かれることもめったにないでしょう。友だちを作るのが上手な子どももいますが，その子どもたちも友人関係を維持することが難しい場合が多

いです。しかし，多くの子どもたちにとって理解しやすいソーシャルスキルを身につけることで，この問題を回避することが可能です。子どもたちがより良い友人関係を築くことができるようになるための手助けのコツには，以下のようなものがあります。

- **協力的な家族の中に友人を見つけましょう**：ADHDに悩まされている「仲間」の家族を見つけたとしたら，あなたの子どもは社会的活動に参加する機会が得られるかもしれません。ADHDのある子ども同士が仲良くやっていけるかについては保証できませんが，あなたの仲間はきっと子どもにソーシャルスキルを学ぶのを支える空間を提供してくれるでしょう。
- **他の学年の友だちを作ることを勧めましょう**：ADHDに併存する情緒的な幼さにより，同年齢の子どもが社会的なやりとりの相手として必ずしも適しているとは限りません。あなたの子どもは年下の，つまり同じくらい幼い子どもや，年上の，したがって社会的な不器用さにより寛大な子どもとうまく付き合っている姿を見られるかもしれません。
- **親が子どもの友だちになってあげること**：子どもと一緒に社交的な場に参加する機会を作り，子どもが友だちを作る上で知っておく必要のあるスキルのお手本を見せましょう。子どもが親であるあなたと友だちになる練習をする機会を作りましょう。
- **「お呼ばれの日」をうまく作りましょう**：まずは一度に1人の友だちを招待するところから始めます。滞在時間は短めにしておき，もっと一緒にいたいと子どもたちが思っているうちに帰ってもらうようにします。また，子どもたちが互いを理解していくまでの間はレゴ，トランポリン，ボート，クッキ

ングなどあなたの子どもの一番良い面が見せられる活動を予定に組み込むようにしましょう。

どうすれば画面を見ている時間の制限を教えられますか？

デジタルの時代はさまざまな恩恵をもたらしています。

- 自分の考えを紙に書くことに困難さを抱えるADHDのある子どもたちに，平等な場を提供しました。
- 読み書きに困難さを抱える子どもたちを手助けする技術が発展しました。例えば，音声を文字にしたり，考えを図式化したりするソフトウェアは，多くの人の手助けになっています。
- 多くの学校で，学習や評価の資料を親や子どもがオンラインで得られるようになってきており，家や学校での忘れ物に関するイライラの種を減らしてくれています。
- ソーシャルメディアが社会的なやりとりに便利なツールを提供してくれます。以前の中高生は友だちとの通話で家の電話を長時間占有して叱られていましたが，「デジタルネイティブ」と呼ばれる現代の子どもたちはスカイプで話したり，簡単なメッセージアプリを使ったりしながら友だちとやりとりすることに時間を費やしています。

しかし，こうした技術はあまりにも切れ目がないため問題を生じさせるようにもなってきています。現代の親たちにとって，子どもに今やっていることを切り上げて宿題に取りかかるように言うことさえ簡単ではなくなってきています。子どもたちはデジタル機器を用いて宿題に取りかかり，同じその機器でゲームや友だちとのやり

とりをしているのです。ADHDに伴う実行機能の障害ゆえに，子どもたちは1分間だけのつもりでウェブサイトを開きながらも，想定していたよりはるかに長い時間，心を奪われてしまうことになります。

子どもがデジタル機器を見ている時間を減らすために，親は何ができるでしょうか？

- **子どもと一緒に明確な指針と約束を設けましょう**：そして，一貫してそれを守りましょう。家族の誰にとってもルールが明確になるように，デジタル機器の使い方は家族全員で決めましょう。

- **デジタル機器を使わずに行う日常的な家族での活動を作りましょう**：デジタル機器を使う代わりに，毎晩一緒にボードゲームをしたり，本を読んだりと，何か一緒にできるようなことを活動の一覧表に入れましょう。ハイキングやピクニックなどの野外活動を含めることを忘れないでください。

- **親が模範を示しましょう**：親も夜にはスマートフォンを使用しないことを義務化しましょう。もし，親が日常的にメールやSNSを確認している様子を子どもが見ていたら，デジタル機器の使用に関する決まりごとを守る気にはなれないでしょう。

- **子どもが自分で決まりごとを意識するよう勧めましょう**：例えば，宿題をしている間には特定のサイトを見ることができなくするようなソフトウェアをインストールすることを子どもに勧めましょう。デジタル機器を必要としない楽しみの一覧表を子どもに作らせましょう。

- **家族みんなでデジタル機器を使わない時間を設けましょう**：そうした時間を日課にしましょう。例えば，食事の時間や日

曜の午前中はデジタル機器を使わない，などです。

- **デジタル機器を使用する時間からの切り替えを行いましょう：**
  子どもに同じように切り替えをするよう教えましょう。ADHD
  があると，非常に刺激の強いデジタル機器を用いた活動から，
  より刺激の少ないものへ子どもの注意を向け直すことが難し
  いことを思い出してください。そのため，視覚化タイマーを
  使って予告することを含む対処法について子どもと約束し，
  子どもに切り替えをさせる際には毎回それを使用しましょう。

- **就寝時間にはデジタル機器を片付けさせましょう：**朝，学校
  に行く準備ができたときにそれを返しましょう。フェイスブッ
  クやスカイプなどのアプリを介した真夜中のおしゃべりは親
  が想像している以上に日常的なことになっていますが，健康
  的な睡眠習慣を妨げるものにもなっています。同様に，朝に
  デジタル機器を使うことは子どもが登校する準備をしようと
  しているときの妨げになります。

- **子どもにとってゲームすることだけが心地よく感じられる唯一
  のものになっていますか？**　もしそうだとしたら，うまくでき
  ると思える他の活動がないか，子どもと一緒に探しましょう。

- **依存症ですか？**　もしその心配がある場合には，子どもの主
  治医からの専門的な助言を求めましょう。

第6章

学校では
何がADHDのある子どもの助けになりますか？

テリーの話（Terry's story）

　ADHDと診断されるまで，学校では本当に大変でした。私は家では整理整頓に困難を抱えていて，朝に登校の支度をすることにさえも苦しんでいました。学校の成績は自分がそうありたいと思うよりも悪く，人付き合いの中で自信をもてていませんでした。薬を飲み始めたのが第一歩でした。私の成績は上がりましたが，すべては解決されませんでした。まず作文を書くのが大変で，算数のテストでは集中できずにいました。そして，整理整頓もまだうまくいっていませんでした。宿題は土壇場になってからやっていましたし，必要なものをなくし続けていました。

　コーチングが自分に合ったやり方で日常生活を整えることを助けてくれました。冷蔵庫にリストを貼りだす代わりに，毎朝30／30のアプリを使うことを始めました。私は宿題を振り分けて壁に貼ったカレンダーとウィークリープランナーを使い計画を立てる方法を学びました。算数のテストは，計算問題と文章題とを分けたときから容易になってきました。しかし，作文を書くことは，学校でたくさんの援助を受けていながらも，まだまだ大変な問題でした。母親は私にさらに検査を受けさせ，私はADHDに加えてディスレクシア（読字障害）とディスグラ

フィア（書字障害）があると診断されました。良くないことのように聞こえるかもしれませんが，学校でさらに支援を受ける必要性を認められたので，実際には診断結果を知ることができて良かったのです。今はすべての筆記試験にパソコンを使っています。そして今，私はどんな支援を受ければ学べるかを理解していて，学校でどんな支援を求めたらよいかを知っています。

　5年生の始業のとき，先生たちはあと2年間の学校生活で私たち全員がどれだけの学習をこなす必要があるかについて話してくれました。友だちがパニックになっているのを見たとき，自分がクラスの誰よりも課題への準備ができていることを知りました。それはとてもいい気持ちでした。やるべきことはたくさんありますが，どのようにすれば良いかわかっていました。私にはまだ欠点はありますが，自信をもてるようになり，自分自身を本当に誇りに思っています。

解決すべき課題は何ですか？

　ADHDの子どもたちにとって学校は特に難しい問題を抱えがちな場所です。親は子どもたちが学校で直面している困難さをしっかりと理解して，教師にそのことを説明し，意味のある支援を求める必要があります。

- ADHDの中核症状，ADHDに伴う実行機能の障害，そして，学習障害の併存が，学ぶことを困難にします。
- ADHDの子どもたちは，現れる症状のタイプがさまざまです（不注意または多動・衝動性，あるいはその両者）。また，彼らの行動は1日の中でも変化し，何を学習しているかの文脈

によっても異なります。この一貫性のなさは，教師や他の人たちから怠惰や努力不足の現れと誤解されることがあります。
- 人間関係でも問題が起こりえます。
- 準備や時間の管理に，かなりの困難さを経験します。
- ある活動から他の活動へ，ある教室から他の教室へ，ある環境から他の環境へ（校庭から教室へのように）切り替わるときにより長い時間がかかり，監督が必要になります。

幼稚園で

　幼稚園で子どもたちは，就学に最低限必要な社交スキル，行動スキル，学習スキルを学びます。ADHD があると，子どもは教師に注目することや，教室での活動と遊びに参加することが難しくなります。彼らは教室のルールを守ること，マットの上でじっとしていること，不適切な行動（おもちゃを投げる，貧乏ゆすりをする，おしゃべりするなど）を抑えることに苦しんでいます。不安を感じているときは特に自分を抑えることが難しいと感じます。

小学校で

　小学校で求められる行動は，ADHD のある子どもたちにとって自然にはできません。彼らはじっと席についていることや，長時間静かにしていることが難しいかもしれません。注意を集中して，複数の手順をふむ課題を仕上げることは難しいでしょう。友だちの存在が彼らにとって大切になりますが，ソーシャルスキルの乏しさと洞察力のなさのために友人関係を維持することは困難になるでしょう。彼らが自分の力でどうやっていくかを学ぶためには一貫性のある枠組みが必要です。

高等学校で

　ADHDのある子どもたちが高校生になると，異なる環境，日課，期待に直面させられます。担任教師と教室に守られていたところから離れて，毎日何度も教室が変わり，たくさんの教師たちと出会います。彼らはしばしば準備せず必要な勉強道具を忘れて授業に臨んでしまいます。宿題も増え，長期間にわたる大きなプロジェクトも含まれるようになります。整理整頓したり時間を管理したりする力が乏しいため，彼らは宿題やテストの見直しを土壇場になるまで放っておいたり，作業をやり遂げるのに必要なものがないことに気づいたり，締め切りを忘れたりすることがしばしばです。新しい人間関係において決定的となる，自分の行動に対する洞察力が欠けているために友人関係もさらに難しくなるでしょう。

どのように学校を選べばいいですか？

　しばしば親たちはADHDのある子どもたちにとってベストな学校を見つけようと考えます。本当にすべきことは，ADHDのある"彼ら彼女ら自身の子ども"にとってベストな学校を見つけることです。理想的には，学校が子どもの課題に応えてくれ，子どもの強みを見つけ，子どもが高い関心をもつような活動に取り組む機会を提供してくれる必要があります。学校を選ぶとき，以下のことを考慮しましょう。

- **学校の知識のレベルについて尋ねましょう**：その学校のすべての教師たちのADHDに関する知識レベルを尋ねましょう。日常的にすべてのスタッフを教育したりスキルアップを促したりしている場合を除き，専門的な知識をもつ教師が1人か

2人いるだけでは不十分です。

- **どんな支援がその学校で受けられるか**：学校で受けられるどんな支援があなたの子どもに適用されるかを知りましょう。例えば，専門家による補習プログラムには対象と判断されるための条件（基準）があり，あなたの子どもはそれに当てはまらないかもしれません。

- **専門家によるプログラムについても調べましょう**：もし，あなたの子どもが特定の分野（スポーツ，演劇，音楽，ロボットなど）に関心や才能があったら，その分野に強いプログラムをもっている学校を候補にしましょう。学校がその子どもの取り組める，そして成功する可能性のある分野を有している場合，おおむねより好意的に受け入れてくれるでしょう。繰り返しますが，対象となる基準をチェックしましょう。

- **あなたの子どもの学校の地域について決めるとき，「地域」の影響を考えましょう**：もし地元の学校に行かないとしたら，近所の友だちから孤立するようなことはないでしょうか？　学校から遠いところに住んでいると，クラスの友だちと関われるでしょうか？　友だちが地元と学校とに分かれてしまうことのメリットはあるでしょうか？

- **賢くお金を使いましょう**：素晴らしい私立校もあれば，素晴らしい公立校もあります。

- **ホームスクーリング**：これは一般的ではありませんが，ADHDに伴う複数の課題を抱えた子どもたちにとっては最善の選択かもしれません。コントロールできないような高いレベルの社交不安のある場合，これが子どもにとっては賢い選択になるかもしれません。

どのように学校に情報を提供し，支援を求めることができますか？

　子どもの診断を学校に開示することを選択しない親たちもいます。彼らには学校がどんな反応をするのかについてもっともな懸念があるのかもしれませんが，学校が十分な情報提供を受け，ADHDのある子どもたちに支援を提供しようと考えるという状況が理想的でしょう。

- **専門家たちからの報告書の写しを学校に提出しましょう**：学校があなたの子どもを理解してそのニーズを満たすのを助けられるように，子どものことをみてくれている専門家たちとコミュニケーションをとるよう学校に頼みましょう。
- **子どものADHD症状と併存する特性についての情報を提供しましょう。**
- もしあなたの子どもがそうであるなら，**2-E（二重に特別支援を必要とする）の子どもたちについての情報を提供しましょう**：例えば，ロボット工学の授業に参加するADHDのある生徒が，プロジェクトのある側面では秀でているのにレポートを書くといったような別の側面では失敗するといったことがあります。必要に応じて支援してもらえるよう求めましょう。
- 学校であなたの子どもを支援する方法を求め，提案しましょう。166ページに記載した「教師のための20のコツ」を参照してください。

どのようにして学校や教師と連絡をとるべきですか？

　ほとんどの親たちはわが子のADHD診断についての情報を学校に提供していますが，コミュニケーションをとる相手は校長か教頭で

あることが多く，その場合情報はすべての教師に伝達されると当然思うでしょう。しかし，ADHDという障害は目に見えないので，もしもお子さんの担任に情報が届いていなかった場合，あなたの子どもが困っていることに気づかないかもしれません。コミュニケーションを良くしていくために，以下のことを参考にしてください。

- **すべての教師にあなたの子どもについての情報を1ページにまとめて提供しましょう**：子どもが経験しているであろう困難さだけを書くのではなく，強みについての情報も忘れずに入れてください。チームワークを高めるために家であなたが取り組んでいる支援についての情報も入れましょう。過去に関わった教師たちが用いてうまくいった方略の情報に目を向けてもらいましょう。また，うまくいかなかった方略についても知らせましょう。

- **教師たちに定期的に連絡をとってもらうようにお願いしましょう**：教師たちへの連絡には子どもの日誌やEメールを使うことができます。そうすることで，その時々の学校でのパフォーマンスに影響するような家庭で直面している課題について教師に知らせることができるでしょう。同様に，教師も子どものことで直面している問題や達成できた目標についての情報を伝えることができます。加えて，子どもに自主研究や試験が課されたときは教師から知らせてもらうようにしましょう。そうすれば，あなたは子どもと一緒に時間の管理や問題を切り分ける能力のためにかける時間が得られるでしょう。

- **子どもの担任教師とパートナーシップを築きましょう**：教師と親とが対立することは非常に多いですが，そこからあなたの子どもが得ることができるものは何もありません。教師は

教えることの専門家であり，あなたはあなたの子どもの専門家です。お互いに尊重し合いながら，あなたの子どもに影響するようなADHDやその他の情報を提供し，どうやったら一緒にやれるかを尋ねましょう。教師の努力に感謝することを忘れないようにしましょう。

- **学校での話し合いの準備をしましょう**：あなたが話し合いを求めるのなら，話し合いたいポイントのメモをつくりましょう。教師や学校から話し合いを求められたら，話し合いの目的と出席する人の名前を教えてもらうようにしましょう。もし怖いなと思うことがあったり，話し合いで感情的になったりしそうなら，助けてもらえるようにパートナーや友だちや支援者に同席してもらいましょう。解決すべき課題を特定し，立ち向かうために学校と一緒に取り組むことを申し入れましょう。学校があなたの子どもをどのように支援していて，何を加えたり変えたりしようと考えているかを聞きましょう。

子どもの学びをどうやって手助けすればいいですか？

　私たちはみんな違った学び方をしています。ADHDのある子どもたちはとても違った学び方をしますが，教師たちが平均的な学び方をする子どもたちに向けて用意した学校システムの中で教育を受けています。子どもに違った学び方をしていることを気づかせて，自分自身の学び方を見つけるための経験を積むよう励ましましょう。そうすることで，その教育システムの中でうまくやっていきやすくなるでしょう。あなたの子どもを1つの学び方しかできないタイプに決めつけるような説得は慎みましょう。むしろ，学ぶ対象が違えば学び方もまた異なること，そして，うまくいく方法をいろいろ持

つことができるであろうことを自分の子どもに知ってもらいましょう。子どものDIYマニュアルにこれらの方法を記録するよう勧めましょう。

- **聴覚から学ぶ生徒**：こうした生徒は，情報を聞くことを好みます。そのような子どもたちにはボイスメモに録音し，できるだけそれを聞くように勧めましょう。ポッドキャスト（ネットテレビ・ラジオの一種）をダウンロードしてさらに情報を得ることも，手助けになるでしょう。
- **話して学ぶ生徒**：こうした生徒は，アイデアを練ったり情報を思い出したりするために会話することを好みます。子どもたちに自分が学んだことを親に教えさせるか，またはそれを記録することを勧めましょう。音声認識ソフトウェアは，彼らの考えを記録するのに非常に役立つでしょう。あなたが子どもと議論するときは我慢して，結論にたどり着くまで「とりとめのない話」をさせましょう。
- **運動感覚から学ぶ生徒**：こうした生徒は，集中し理解するために動くことを好みます。貧乏ゆすりは彼らの集中を助けるのです。ADHDのある子どもに貧乏ゆすりをやめろと命令すれば，彼らはじっと座り続けることに注意を向けてしまい，彼らの脳はシャットダウンすることになるでしょう。代わりに，貧乏ゆすりを控えめにすることを教えましょう。いじることができる小さいおもちゃを筆箱の中に入れておくこともできます。いたずら書きが有効な子どももいます。家で何か作業をするときや勉強するときに動くことを勧めましょう。フィットネスボールに座る，ポッドキャストを聴きながら歩く，または，ウェブ講義を視聴しながら歩く，などです。

- **視覚から学ぶ生徒**：こうした生徒は情報を理解し覚えるために絵があることを好みます。絵の形式としてはマインドマップ，グラフ，画像，模式図があります。色分けは非常に有効です。
- **包括的に学ぶ生徒**：こうした生徒は，すべての部分が明確にされて伝えられた情報の全体像を得ることを好みます。その全体像の文脈の中で，何を学ぶ必要があるのかがわかるように手助けしましょう。
- **継次処理的に学ぶ生徒**：こうした生徒は，前のステップから論理的に次のステップに移るような順序立てた情報を好みます。そのようなステップを特定できるように手助けしましょう。

「自己主張する方法」をどうやって教えればいいですか？

　親は理想として自分の子どもに手助けや調整を求める方法を学んでほしいと思います。これらのスキルの習得には時間がかかります。それには自信や自己主張が必要であり，より重要なこととして，子ども自身がどんな手助けを必要とするかをよく理解していることが必要です。子どもが何かを理解していないことを教師に伝えると，教師は前に教えたときと同じ教え方でその情報について説明するということが，あまりにも頻繁に起こります。この方法はあなたの子どもにとってまったく手助けになりませんし，その後子どもたちが手助けを求めなくなることにもつながりかねません。効果的に自己主張できる方法をあなたの子どもに教えるためにはどんな支援ができるでしょうか？

- **自分が何を必要としているかを認識できるよう手助けしましょう**：教師たちは常に進んで支援しようとしていますが，学び方が異なる子どもたちを支援するにあたって，しばしばどんな方法が最適かということに気を配っていないことがあります。あなたの子どもが自分の困難さをはっきりと理解し，特定の学び方や方略を試すようにして初めて，特定の教師や教科で助けとなる調整法を見定め始めることができます。
- **はっきりと相手に伝わるように自分の要求を言葉にして言うことを教えましょう**：子どもが教師とそのことについて会話することに十分に自信をもてるまで，あなたと繰り返し会話をしましょう。例として，「D先生，私は授業中に聴きながらノートを取ることがとても難しいです。1つひとつのトピックを短くまとめたノートを先生から頂くことはできないでしょうか。もしくは，お昼休みのときに誰かのノートをコピーさせてもらったり，授業が終わったときにホワイトボードの写真を撮らせてもらったりすることはできないでしょうか？」といったことです。

健全な宿題と自習の日課を確立するにはどうすればいいですか？

　ADHDのある子どものいる家庭のほとんどでは，宿題が欲求不満や不和や葛藤の源であることに異論はないでしょう。薬の効果が薄れていくことによる「リバウンド」を子どもが経験していたり，座って勉強に取り組むときまでに薬の効果が切れてしまったりすることが，事態をさらに複雑にします。日中，教室で集中することに必要な，余分な精神的努力からくる疲れがちょうど出てくる頃でもあります。

宿題の考え方

　効果的な宿題の日課のためには整理されていること，一貫性があること，そして，落ち着いた状況であることが必要です。

- もし宿題が親子関係に影響を及ぼすようなら，メンターやチューターのような形で宿題の協力者を求めましょう。
- 宿題は子どもの責任でやるものです。その責任が果たせるように支援しましょう。
- 宿題が終わらない結果になったとしても，それは学校の責任です。前もってそのことを明確にしておきましょう。
- 宿題の見積もりが現実的なものでなかったとしたら，子どものために声をあげ，学校に量を調整してもらいましょう。

役立つ宿題の習慣

- あなたの子どもにあった，「宿題日記」システムをみつけましょう。宿題日記は，紙の日記でもよいし，宿題アプリでもよいし，学校のポータルサイトでもよいでしょう。
- 日常的に宿題の時間枠を設けましょう。放課後の活動がその枠と同じ時間にあってさえぎられることもあるでしょうから，その場合は時間枠を2つ設けましょう。
- 学校から帰ってきて宿題をするまでの間に少し自由時間をとりましょう。ただし，デジタル機器の使用は避けましょう。
- 宿題の時間枠の10分前になったら子どもに予告し，切り替えの習慣を作りましょう。例えば，それまでやっていたことを止めさせ，手を洗わせ，飲み物やお菓子を与えましょう。
- 作業と関係のない物を取り除きましょう。宿題に必要なすべての物を手の届くところに用意して脱線を避け，集中が乱さ

れないようにしましょう。

- 宿題を短い時間枠に切り分け，「短距離走」にしましょう。時間枠はタイマーを使って見える形にしましょう。
- 宿題が出されていなかったら，復習や読書を勧めましょう。
- 終わったらすぐに片付け，翌日に持って行く通学鞄に入れさせましょう。
- 宿題が終わった後には，子どもが好きな活動をする形で「ご褒美」をあげましょう。

幼稚園と小学校では

- 宿題の困難さを教師に説明しましょう。教師たちは通常子どもたちが服薬していて落ち着いているところだけを見ているので，あなたの悩みに気づいていないかもしれません。
- 教師とともに現実的な宿題の量を見定めて，結果はどうあれ決められた時間でやめるというように，少し柔軟に考えてもらうようにお願いしましょう。
- 宿題に関して教師に日常的にフィードバックしましょう。

高等学校で

　自分自身で宿題をするスキルを身につけるまでは，以下のことを一歩一歩，子どもと一緒にやっていきましょう。これにはある程度の時間がかかります。

- 毎日，宿題がないときでも日記をつけましょう。
- 壁かけのカレンダーに長期間の予定を書きこみ，1日経つごとに×をつけましょう。このことで時間の経過とやらなければいけないことが見える形になります。

学校では何がADHDのある子どもの助けになりますか？

- 宿題がでたらすぐに箇条書きにしましょう。このことで求められていることが明確になり，目前の妨げになりそうな物事が同定されます。このことはまた，時間を切り分けることになり，あなたの子どもが宿題の準備を始めるきっかけも与えてくれるでしょう。
- 自主学習と宿題の予定を認識するためにウィークリープランナーを使いましょう。
- 子どもの学んだことが定着されるために毎晩授業のノートを確認するよう勧めましょう。

試験や成績評価において配慮してもらうにはどうすればいいですか？

　ADHDのある生徒たちには期末試験において配慮を受ける権利があります。並存する症状がさらにパフォーマンスに影響している場合には特にそうです。障害のある生徒への配慮に積極的な学校もあれば，それほど意識が高くなく親がリードしなければならない学校もあります。

- **子どもが受けられる配慮について調べましょう：**〔訳注：日本では文部科学省初等中等教育局特別支援教育課によって合理的配慮が定められています〕。考えられる配慮として，ADHDのある子どもには休憩をとらせること，学習障害の子どもには時間を延長すること，学習障害のうち特に書字障害がある子どもにはコンピューターを使用させること，などがあります。
- **配慮申請に必要な検査を受けるよう日程を調整しましょう：**申請が必要なある種の心理検査には，一定の期限があること

があります。これについては子どもを支援するスクールカウンセラーなどが相談に乗ってくれるでしょう。もしくは，あなたの市町村の教育委員会に連絡をとってみましょう。

- **できるだけ早く適切な配慮をしてもらいましょう：**〔学校が個別に対応すること自体は，文部科学省によって必要不可欠なものと定められています〕。ここでは記入式の試験で子どもたちが経験する困難さが確認されており，学校の試験を受けているときに提供される配慮の概要が述べられ，このような配慮が子どもたちの成長に効果的であると述べられています。

- **子どもの代弁者としてそのような配慮をすることを学校にお願いしましょう：**あなたの申し出が取り下げられるようであれば，学校の支援があってこそ学力は高められるものだと主張しましょう。

デジタル機器やアプリはどうですか？

デジタル時代はスマホやタブレットへの過度の依存といった問題（第2章，「電子機器への依存は問題ですか？」を参照）を作りだしていますが，同時にADHDに関連する障害を支援し，ADHDのある生徒や特定の学習障害のある子どもたちを他の子たちと同等の条件にすることができる道具を提供してくれてもいます。

有用なテクノロジー

ADHDに伴う実行機能の障害は，学びの環境における問題を引き起こします。例えば，多くのADHDのある子どもたちは，自分の思ったことや考えを文字として書くことに苦しみます。ペンを持って書くという動作があることが問題で，自分の考えをまとめること

とページに文字を書くことの間で注意を切り替えなくてはならないからです。同様に，聴くことと書くこととの間で集中が途切れてしまい，授業中にノートをとることが難しいことがあります。

- **パソコン**：パソコンは，はじめの段階できれいに書くこと，スペルや構文を気にすることなく，自分の考えを「ダンプ（脳にあることをすべて吐き出させる）」することを可能にします。その後の見直しで，その文章を求められた体裁に編集することも可能になります。多くの子どもにとって，コンピューターでタイプすることは，ペンと紙を使って書くよりも，書く作業を流暢にさせるのです。
- **タッチタイピング**：タッチタイピングは，このプロセスをより能率的にすることができるものです。このスキルを学ぶために利用可能な双方向的で魅力的なプログラムがいくつかあります。
- **音声認識ソフトウェア**：ソフトウェアの利用によって，子どもたちは自分の考えを話すことで文字に置き換えることができます。多くのスマートフォンはこの機能をもっており，その場で自分の考えを記録できるので理想的です。
- **文章読み上げソフトウェア**：ソフトウェアの利用によって，子どもたちは書かれた文字を読んでもらうことができます。この機能が最初から組み込まれているコンピューターもありますし，もしなければダウンロードすることもできます。読みに困難さを抱える場合に有効で，よい学びのツールです。
- **ノートをとるための録音装置**：録音と書くことを同時にすることを可能にするペンがあります。これがあれば，子どもたちはペンで書きながら授業や講義を録音でき，後で録音内容

とノートに書かれたことを一致させることができます。同じような機能がタブレットのアプリケーションにもあります。

- **アプリ**：アプリは勉強すること，まとめること，時間管理などの実行機能障害における課題を手助けしてくれます。多くの子どもたちがスマートフォンとタブレットの両方，あるいは片方をもっていますが，その中には以下にあげるような役立つ機能があります。

  ○ 時間管理アプリは，視覚的，あるいは聴覚的な刺激で時間を知らせることで，子どもたちが順調に活動できるようにサポートします。このアプリは，時間を見える化，もしくは聞こえる化するのです。

  ○ カレンダーは，生徒たちの時間を図式化してくれ，それがあることで彼らは期限までに宿題を提出したり，順調に活動したりすることができます。締め切りを忘れることがないよう，リマインダーを設定することができます。

  ○ タスクマネージャー（やること管理アプリ）は，子どもたちが，自分の作業と課題を完遂するまでの過程を順調に進み続けることを「結びつける」ものです。

  ○ インターネット利用を管理するアプリは，その日のさまざまな時間帯において，特定のウェブサイトにアクセスすることを阻止／許可するようにプログラムされています。

  ○ ホワイトノイズや環境音を発生させるアプリは，雑音をブロックするのに有用で，子どもたちが宿題や勉強に集中しやすくするでしょう。

第7章

教師と学校は
ADHDのある生徒をどのように支援できますか?

ADHDのある生徒の典型的な課題とは?

　ADHDについての情報の多くは中核症状である不注意と多動・衝動性に集中していますが，ADHDに特有の実行機能障害に焦点を当てることもまた有用です。この実行機能障害は，教室において深刻な影響をADHDのある生徒に及ぼします。実行機能障害はほとんどの人にとっては些細なことに見えるかもしれませんが，ADHDのある人々にとっては重要な，しかも生涯にわたって続く可能性のある困難さをもたらします。もし，教師が実行機能障害に起因する行動について明確に理解していないとしたら，彼らは欲求不満を感じるかもしれません（第2章「実行機能とは何ですか?」を参照）。まとめると，実行機能障害は生徒に以下のように現れます。

- 一時停止すること，自己を制御すること，気が散らされるものを無視すること，何かを実行するときに必要なスキルや知識を引き出すことが，いずれも難しい。
- タイム・ブラインドネスがあるため，遠い先の締め切りに向けて計画を立てることができない。
- 振り返りや先読みが困難で，同じ失敗を繰り返し，結果から学ぶことがない。

- ワーキングメモリーに障害があり，すぐに容量オーバーになって情報が抜けて落ちてしまう。
- 自発的な動機づけができないため，きっかけとして即時の結果や報酬が必要。
- 感情コントロールが難しく，怒りが爆発したり，反発したり，精神的パニックになったりする。
- 難しい課題に直面したときには計画を立て，問題解決することが難しい。

　誰もが状況によっては実行機能に障害を来すことがありえますが，ADHDのある人々は同じ年齢・発達水準のほとんどの人々に比べて，この機能の発達と使用がはるかに困難です。しかし，そのような重度のADHDのある人々でも，いくつかの活動では実行機能がうまく機能することがあります。そうすると，彼らがその他の課題で抱える困難さは，周囲の人々にとって理解し難いものになってしまいます。

　ADHDのある生徒にはしばしば，学校での能力にさらなる悪影響を及ぼす精神障害，行動上の障害，または，学習障害が併存します。

　学校教育の特定の段階でADHDのある生徒が経験する課題については，114ページの第6章で説明されています。

学校はどのようにADHDのある生徒を支援できますか？

　ADHDの悪影響は学校環境において最も明らかになります。子どもたちは学ぶこと，注意を維持すること，社会生活に合わせること，適切な活動量を保つことが困難になります。これらの困難さはしばしば学業不振，停学，退学，そして，学校教育の修了に至らないという結果につながります。学校は以下の方法で支援できます。

- **教師のために専門性を高める機会を提供しましょう**：ADHD は重大な障害です。同時に治療可能な障害でもあります。これら脆弱な児童生徒たちと関わり支援するために必要なスキルを学ぶ機会を，確実に教師たちに与えましょう。

- **スムーズに移行できるようにしましょう**：ADHDのある新入生は新しい環境に慣れるのに同級生よりも時間がかかることがあるため，追加のオリエンテーションを行うようにしましょう。保護者には学期が始まる前に子どもたちを学校に連れて来させ，教室や食堂，トイレを確認し，ロッカーの使い方を練習するよう勧めましょう。

- **親との連絡の手段を明確にしましょう**：小学校における親と教師とのコミュニケーションは比較的シンプルです。しかし高等学校は，自分の子どもの問題について，それが学校で起きているのかあるいは学校外での出来事によって突然悪化したのかにかかわらず，教師に知っておいてほしい保護者にとって敷居が高いところです。学校は，保護者にとって何かあったときに話せる相手が確保され，話したことが伝達されることを知って安心できる環境であるべきです。

- **すべての教師たちに情報を共有させましょう**：保護者が学校へ詳細な情報を提供しても，その情報が子どもと関わりのあるすべての教師たちに伝えられない結果に終わることが時々あります。関係するスタッフが重要な情報を共有できるシステムを持ちましょう。

- **代わりの教員にも情報を共有させましょう**：ADHDのある生徒は，いつもの先生が居ないときには非常に困難になるかもしれません。確立された日課が止まってしまうかもしれませんし，行動がエスカレートしたり，知らされていない教師に

誤解されたりする可能性があります。その生徒のための戦略によって，生徒と教師との学校生活が楽になります。

- **チームアプローチをとりましょう**：しばしば軽視されることですが，ADHDは複合的な状態であり，学習障害，行動上の障害，不安や抑うつなどの精神症状が合併することがよくあります。その生徒の治療チームから情報を得るとともに，フィードバックを提供しましょう。

- **判断を保留しましょう**：この障害特性は遺伝性が高いため，家族にADHDと診断される人が複数いることもしばしばです。親もまた同様の問題を抱えていることは珍しくありません。忘れっぽく，不安定な保護者をサポートすることは学校の責務ではありませんが，いくつかの簡単な方法で彼らの負荷を軽減し，関係者の葛藤を抑えることができます。お知らせを電子メールやSNSで送ったり，学校のホームページから情報を入手できるようにしましょう。学校のカレンダーと連動して，自動でリマインダーメッセージを送信するアプリを用意している学校もあります。

- **家族への配慮**：ADHDの悪影響を受けている家族は大変です。離婚や別居，親のうつ病，きょうだい間の葛藤，社会的孤立などが高い頻度で見られます。子どもたちは公園で拒否され，両親は公園の駐車場で批判されます。あなた方の学校をADHDのある生徒にとって安全な場所にしましょう。

- **学校のウェブサイトを利用しましょう**：多くの学校にはポータルサイトがあり，教師が情報を提供したり，宿題の通知をしたり，試験やその他の情報を共有することができます。実際には学校ポータルを一貫して効果的に活用している学校もあれば，そうでない学校もあります。よく管理された学校の

ポータルでは，宿題を完了させるために必要な情報を必要なときに示すことで，実行機能障害を持つ生徒をレベルアップさせることもしています。あなた方の学校のポータルサイトがこのような支援を生徒にしているかどうか確認しましょう。

- **服薬への対処方針を明確にしましょう**：長時間作用型の薬物療法が導入されたことで，学校で過ごす時間内に服薬を必要とする子どもは少なくなっています。しかし，いろいろな理由で，生徒に服薬させる必要のある学校が依然として多くあります。ADHDの薬物療法には一定の偏見があります。必要に応じて，目立たずプライバシーを保ちながら服薬できる体制があれば，生徒のためになるでしょう。

- **成績評価に配慮を促しましょう**：成績評価や入学試験の条件において，ADHDのある生徒は配慮を受ける権利があります。試験において配慮措置を講じるために，試験委員会はこれまでの個別教育支援の証拠を求めることがあります。保護者にとってその手続きは複雑で混乱させられるものです。ADHDのある生徒に必要な配慮を判断・実施し，試験において公正な結果が得られるよう，彼らの代弁者となりましょう。

- **避難場所を用意しましょう**：ADHDは感情をコントロールすることに困難さを抱えているため，精神的混乱状態を来すことがあります。その状態は怒りの爆発や，極度の不安や沈思黙考といった形をとります。もし生徒が激高した場合は，教室から離れさせ，強い感情に対処する職員のいる指定の避難場所にまっすぐ連れて行き，クールダウンさせる，というタイムアウトの体制を用意しましょう。

教室の中で教師は ADHD のある生徒をどのようにサポートできますか？

　ADHD は小児期に最もよく診断される発達障害です。また，最もよく誤解される障害でもあり，「目に見えない機能障害」と呼ばれます。教師として，あなたは以下のような支援ができるでしょう。

- **ADHD について学びましょう**：この領域における専門性を日常的に涵養することが重要です。教師が子どもたちの抱える課題を理解することで，ADHD のある生徒の成績を向上させるための方略を考え，実行することができます。
- **全体像を把握しましょう**：ADHD のある子どもが見せる症状にはさまざまなタイプがあります（不注意または過活動，あるいはその両方）。それぞれが独自の課題を抱えますし，併存症によって複雑化していることがしばしばです。子どもたちはいくつか長所も持っていますが，それらを発揮するのは難しいかもしれません。ADHD のある生徒が，それぞれどのような課題を抱えているのかを把握しましょう。それには，保護者が常に良い情報源となりますし，医師他の専門家からの情報もまたそうです。
- **合理的な配慮をしましょう**：必要に応じて支援を提供しましょう。書くことが難しい生徒には，授業中のコンピュータの使用を許可しましょう。読むことが難しい生徒のためにオーディオブックを準備しましょう。黒板からの書き写しが難しい場合は要約されたノートを渡したり，授業の最後に生徒に黒板を撮影させたりしましょう。生徒が配布資料をなくしてしまう可能性があるときには，資料を電子形式でもっておけるよ

うにしましょう。

- **秘密を守り，尊重しましょう**：ADHDに関する偏見から，生徒たちは診断を開示しない傾向にあります。彼らが困難を抱えていることを理解していることを伝え，他の生徒や親に決して公表しないことを伝えましょう。教室では可能な場面では常に慎重にサポートしましょう。その子どもたちの名前を何度も呼ぶことは避けてください。その代わりに，注意を促すためにあなたとその生徒とで共有した方略とサインを作っておきましょう。教室や他の生徒の前で薬のことを言わないでください。また，生徒の悪い行動をからかうのはやめましょう。教師が生徒に対して失礼な態度を示すことは，他の生徒にとって同じように関わることを許すことになってしまいます。

- **生徒の落ち着きのなさを認めましょう**：ADHDのある生徒は，動いているときやソワソワしているときに，より集中できることを示唆する科学的な証拠があります。そのことを念頭に置いて，他の生徒の気を散らすことのない程度の行動は許してあげましょう。生徒には静かにソワソワするよう促しましょう。落書きをする，消しゴムの破片で遊ぶ，小石をいじる，などは良いソワソワの方法です。もし落ち着かなくなったときはトイレ休憩のために部屋を離れてよい，という約束を前もって取り決めておきましょう。

- **困った行動を予防するために授業に参加させましょう**：ADHDのある生徒が，提示された教材をすぐに理解できないときに，教室で困った行動に及ぶ可能性がより高くなることが，研究から示されています。生徒が課題を理解できるように，動画，オーディオプレゼンテーション，ウェブサイトなどの代替方

法で提供することを検討しましょう。生徒が課題を理解しやすくすることで，活動に参加できないときに示す困った行動を大幅に減らすことができます。

- **一貫性のなさへの対処を支援しましょう**：ADHDのある生徒の行動や能力はその日その日で異なり，さらには1日の中でも，あるいは学習環境によっても異なります。服薬中にも起こりうるこうした能力の一貫性のなさは，時に怠けているとか努力不足として解釈されます。生徒がある日にできた課題を翌日にはできないとなると，教師にはストレスになります。生徒自身にとっては，さらにストレスになります。「どうして昨日はできなかったの？」，「昨日はできていたけど，どうして今日はできないの？」などのようなコメントは避けましょう。その代わり，よくできた日は無条件にほめましょう。できなかった日は，よくできた日がこれまで何度もあり，今後もそういう日が来るはずだということに気づかせましょう。

- **隠れた宝物を探しましょう**：ADHDの生徒には能力によって得意・不得意があるでしょうが，確実に満足すべき，または，いっそう卓越した能力を持っています。彼ら彼女らの強みを示す機会を用意してあげましょう。集団行動において彼らが意味のある貢献ができる機会を作りましょう。例えば，その生徒が発明家としては優れているものの文筆家としてイマイチである場合は，書く能力に秀でた生徒とペアにしてあげましょう。

- **短距離走を教えましょう**：ADHD脳は素晴らしい短距離走者です。彼らは遠い先の締め切りを見失ってしまいますが，間近にある締め切りに向かって行動する力は持っています。ゴールが見えていれば，彼らが仕事に取りかかる可能性はより高

まります。時間内にできるだけ多くの作業を完了できるよう，10分間，20分間，30分間のタイマーを設定して短距離走にしましょう。また，短距離走の合間にこまめな休憩をとらせることが非常に効果的です。生徒に，短距離走とこまめな休憩のサイクルを作らせることで，大きな仕事をやり遂げさせましょう。

• **移行時の取り決めを工夫しましょう**：実行機能障害によりADHDのある生徒はある課題から別の課題へ，ある環境から別の環境へと切り替えるのが困難です。課題から課題への切り替えには柔軟に対応しましょう。もし，活動を開始するのに時間がかかる生徒が，次に移らなければならない時刻になっても課題に集中して取り組んでいる場合は，その子がその課題を完了するまで待ちましょう。教室での活動に定着させるときの取り決めを工夫し，活動の時点で目に見える形で示しましょう。小学生なら教室の机の上に貼り付けることでできます。高校生ならパソコンのデスクトップに付箋する，または，宿題帳の表紙に書くなどで示せるでしょう。

• **脳の休憩の仕方を教えましょう**：ADHDのある生徒たちは自分が集中していると感じていると，再開するのがどれほど難しいかを知っているため，しばしば作業をやめたがらないことがあります。もし可能であれば，集中している生徒に任せて作業を進めさせてあげてください。しかし，どうしても作業をやめなければならない場合は，次のステップを書き留めさせましょう。そうすることで，作業を再開するときにそのメモ書きからすぐに始めることができるでしょう。

• **課題を箇条書きにしましょう**：彼らは仕事を小さなステップに分けることが苦手なため，仕事量が膨大であるように感じ

て圧倒されてしまうことがあります。教室では，課題をひとつずつ示す，箇条書きの短いリストを作成するなどの方法により，生徒たちが取り組みやすくなるでしょう。長期的な課題やプロジェクトは，活動期間とその期間の活動内容を分割して示すとよいでしょう。

- **締め切りまでの期間を短くしましょう**：課題をいくつかに分割し，進捗について生徒に定期的に確認するようにしましょう。先に述べた分割することの利点に加え，課題のある一部分に過度に集中して他の部分に不具合が生じることも防げます。

- **活動時に確認できる指示書を用意しましょう**：ADHDのある生徒は，口頭の指示を覚えておくことができません。教室の黒板に課題の指示を書くか，プリントで配りましょう。宿題があることを明確に書いて掲示し，その宿題の指示書は学校のポータルサイトにアップするか，生徒たちにメールで送りましょう。

- **時間を視覚化しましょう**：ADHD脳は体内時計をもっていません。時間を理解するために，彼らはそれを見る必要があります。難しい課題に取り組んでいるとき，彼らには時間が無限に続くように感じられるでしょう。難しい課題の終わりを見えるようにするために，視覚的タイマーを使用しましょう。ADHDのある生徒は締め切りが遠い未来のように見えて見失ってしまうので，多くの課題は土壇場になって仕上げられます。宿題の締め切りを明記した計画カレンダーを作り，1日経つごとに×印をつけ，生徒が参照すべき日がいつかを知らしめましょう。こうすることで，作業を完了するために利用できる時間が目に見える形になります。

- **自由記述を勧めましょう**：適切な形式や体裁にしようと生徒が悪戦苦闘しているうちに，素晴らしいアイデアが忘れ去られてしまうことが時々あります。そのような場合は，最初に自分のアイデアをすべて書き出してから，適切な形式に並べ替えるよう指導しましょう。これはコンピュータで作業するときに最も効果的です。例えば，学生は文章の骨子をまず書いて，その後に導入部分に戻って書き始めてもよいでしょう。

- **ホワイトノイズを使いましょう**：独りで作業している間，音楽，環境音，または，ホワイトノイズをイヤホンで聞かせましょう。多くの生徒にとって，これは外部および内部の余計な刺激を防ぐのに有効な方法です。手元にある課題に注意を向けさせるだけでなく，他の人に気を散らされることもなくなるでしょう。

- **精神的混乱状態に対処しましょう**：感情を制御する力が弱いためにADHDのある生徒は突発的な感情の洪水に飲まれるような経験をすることがあります。これは突然起こり，しばらく続きます。怒りの爆発として現れる生徒もいれば，嫌な考えで頭がいっぱいになってしまう生徒もいます。気分が悪くなったら教室を離れることができ，学校内に用意された避難場所にすぐに行けるようにするといった，生徒のためのタイムアウトシステムを用意しておきましょう。

- **宿題で生徒に求めることについては柔軟に考えましょう**：ADHDに悩まされている家族にとって，宿題は家庭を戦場に変える存在です。ADHDのある生徒の多くが，授業時間中は不注意が改善するという薬物療法の恩恵を受けていますが，宿題をする時間帯はそうでないのが普通です。多くの生徒は，服薬の効果が抜けていくときに落ち着かない「リバウンド」の

教師と学校はADHDのある生徒をどのように支援できますか？

期間を経験し，精神的に不安定になるのもよくあることです。

- **保護者のパートナーになりましょう**：定期的なコミュニケーションを保ちましょう。これは，小学校では連絡帳，高等学校では電子メールを通して行うことができます。宿題を課したり，長期的なプロジェクトが始まったりしたときは直ちに保護者に知らせましょう。ADHDのある生徒が課題を予定通りに完了するためには，家族の集中的な働きかけを必要とします。締め切りを知らせておくことで，保護者は適宜計画を立てることができます。保護者は学校からの苦情を頻繁に受ける状況に陥りやすいので，生徒たちの困難さと同様に，彼らの成功を共有することを忘れないでください。

第8章

子どもが大人になっていくのを
どのように助けていけばいいでしょうか?

マイケルの話

　マイケルは生まれつき多動な冒険家でした。生後10カ月から走っていて,階段の上でも躊躇なく走り,何もないところに駆け込んだこともありました。小学校では,レゴの作品を電源コンセントに差し込もうとしました。高校ではスケートボードに熱中しました。若者のために用意された公営のスケート場ではなく,街の通りや市の公園で,階段や棚や壁を使って飛んでいました。私は,彼がきっと大けがをすると思っていましたが,そうはなりませんでした。

　彼は聡明な少年でしたが,学校では成績不振でした。彼は学校の教育課程で落第しました。彼は英語に合格(しようと頑張りましたが)できなかったため,物理・化学の履修を許可されませんでした。非常に悪い成績で中学・高校を終えたため,どんな資格を取るにも彼は苦労するに違いない,と私は心配しました。ところが,彼は自ら専門学校に進み,1年のうちに高校の物理と化学を立派な成績で修了しました。その後,州で一番の大学に入学し,優秀な成績で工学学位を取りました。英語はそうではありませんが,数学と物理はお手の物なのです。そうこうするうちに彼は車を運転するようになりました。ADHDのあ

る運転手についての恐るべき研究報告にもかかわらず，彼は1つの違反も起こしませんでした。また，ADHDのある人の対人関係についても恐るべき研究報告がなされているにもかかわらず，彼には婚約している最愛の人がいます。

どのようにしてこうなったのでしょうか？　マイケル自身の並々ならぬ努力と，教育課程の想定以上に，達成できる・達成したいという彼の決意によってです。また，彼の聡明さを理解し，彼の学習困難が何から来るのか（怠けていたり，やる気がなかったりするためではないこと）を知って，これまで中心となって助けてくれた教師や講師の支援によってです。彼の良いところを知っていて，どんなときも近くにいてくれた友だちによってです。彼のすばらしい頭脳を集中させるために適切な薬物療法をした医師の存在によってです。そして，彼のそばで私たちの失敗から学ぶとともに，より良い方法を一緒に探してきた家族によってです。たどり着くまで少し時間はかかりました。しかし，彼はたどり着いたのです。

ADHDのある子どもを親として育てる過程には不安がつきものです。適切な支援によって子どもたちが人生において成功できる，成功するに違いないと信じることが，子どもたちへの支援の一部となります。もしご自身がこれからの10年間にありそうな落とし穴の心配をしていることに気づいたら，それまでの10年間にあなたの子どもが教育や支援を受けるであろうことを思い出しましょう。そして，現在の習熟度やスキルを将来の人生に当てはめるのを避けましょう。子どもたちは，自分の親に信頼されているとわかったときに，自分自身の将来に自信を持ちやすくなります。

子どもたちが学校を離れて大人の生活を始めると，彼らは大きな

移行期に入ります。新しい環境では，新たな技能やすでに持っている技能の修正が必要です。学校に備わっていたような支援の枠組みのいくつかは，もはや存在しません。加えて，彼らは成人医療サービスに移行しなければならないので，かなり長い間お世話になってきた小児科医からも離れます。しかしながら，子どもが移行に戸惑わないようにするために親ができることはたくさんあります。

「村」を作るにはどうすればいいですか？

　古くからの格言に「1人の子どもを育てるためには1つの村が必要」というものがあります。親だけが子どもを育てるのではなく，さまざまな大人が関わることが大切，という意味です。ADHDのある子どもの場合，そのような「村」を見つけることはより困難かもしれませんが，むしろより重要なことです。子どもが大人の世界に移行するとき，彼らは必要なすべての技能を身に着けてはいないでしょう。しかし，子どもは自分の生活に親にはあまり関わってほしくないかもしれません。信用でき，頼れる親以外の大人をもつことが子どもにとって重要です。この章で取り上げる専門家や支援者に加えて，以下のような「村民」候補についても検討しましょう。

- 家族や家族の友人：子どもに信頼できる大人と強い関係を作るよう勧めましょう。親以外の誰かと話すことが必要になるときもあるでしょう。
- ADHDコーチ：ADHDコーチは，スキルを習得・修正する必要のある分野を明らかにするためにクライアントと協働します。また，ADHDについて，および，ADHDがひとりひとりの子どもにどのような影響を及ぼすのかについて，教えて

くれます。その上で，子どもとそのおかれている状況に応じて個別の方略が立てられます。コーチングは確立された産業ではないので，ADHDコーチを雇う際はコーチ資格（ICF国際コーチ協会から付与されます），および，ADHDについての専門家レベル（Professional Association of ADHD Coaches（PAAC）の認定など）を，常に確認しましょう。

- 公認心理師：しばしばADHDは強い感情を特徴とします。公認心理師は感情を制御する方略を身につけるのを支援してくれます。さらに，抑うつや不安といった併存症の治療も助けてくれます。

- メンター：子どもにメンター〔訳注：サポーター〕を見つけるよう勧めましょう。高等教育機関や職場などの公式なメンター・プログラムで見つけることができ，あるいは，非公式な形でも関係をつくることができます。例えば，経験豊富な同僚が職場での支援を引き受けてくれたり，上級生が勉強のサポートやガイダンスを申し出てくれたりするかもしれません。あなたの子どもが他の誰かのメンターとなることによってもまた，得ることが多いでしょう。

- 自助グループ：さまざまな形式があります。もし，テーブルを囲んでADHDや自分自身について話すことを不快に感じるような若者であれば，匿名性のあるソーシャル・メディアを介した自助グループの方が適しているかもしれません。

大人の医療サービスにスムーズに移行するにはどうすればいい ですか？

　成人期 ADHD の治療は精神科で受けることができます。オースト ラリアでは小児科医は ADHD の患者が 25 歳まで診られますが，あ る段階で精神科医に移る必要があります。一般的には，子どもの学 校教育が終わる 18 歳ごろになります。

- **小児科の主治医に紹介してもらいましょう**：小児科医はあな たの子どものニーズを知っており，成人期の専門家を推薦す るのにふさわしい立場にあります。さらに，新しい専門家に 子どもの診療情報を提供してくれるでしょう。
- **リマインダーの仕方を決めましょう**：青年になれば，繰り返 される処方と受診予約日とを自分で把握しておく必要がある でしょう。彼らがこの手続きを順調にこなせるようになるま で，枠組みを作り支援しましょう。
- **子どもが特定の一般開業医と関係を築くよう勧めましょう**： 一般開業医は，保険制度において若年成人のための一貫した チェックポイントとして機能しています。さらに，その一般 開業医が ADHD の専門医から許可されていれば，成人期 ADHD のための薬も他の治療薬とともに処方することができ ます。
- **特定の薬剤師を利用させましょう**：中枢刺激薬の処方は薬剤 師が調剤することが定められているので，あなたの子どもに は薬剤師との日常的な接点がすでに用意されていることにな ります。この接点を強固なものにするために，他のどの処方 箋も同じ薬剤師に任せるよう勧めましょう。

高等教育へスムーズに移行するためにはどうすればいいですか？

　高校から大学などの高等教育に進むと，高度に構造化された環境から比較的そうでない環境に移行します。最初は解放されたように感じられるでしょうが，その目新しさも学業が積み重なってくるとすぐに薄れます。学生はしばしば圧倒され，逃げる誘惑に駆られます。しかし，彼らがうまく勉強し続けるためにできることはたくさんあります。

- **障害学生支援へ登録させましょう**：大学で受けるサポートによって，彼らの学業の将来はまったく違ったものになります。ADHDのある学生は，高校までの学校に比べると大学の方がより協力的でサポートを得られます。個々に特有の困難さや医師からの助言に応じて，試験時間の延長，課題の締め切り日の融通，パソコンや音声認識ソフトウェアなどの支援技術の利用，といった便宜が認められるでしょう。障害学生支援への登録は秘密にされ，学業成績に反映されることは決してありません。さらに，大学の障害学生支援は，学生の代弁者となると同時に，自己主張に必要なスキルを教えてくれます。それは大学や専門学校の保健センターと同じ建物内にあり，学生にとって使いやすい公費で賄われるカウンセリングや医療相談といった学生にとって使いやすい支援を提供しています。
- **柔軟であるよう奨励しましょう**：大学では，小・中・高校と同レベルの日課や構造や説明を提供しませんが，より多くの柔軟性を設けています。例えば，大学の講義には出席が必須ではない，あるいは講義後に，講義記録が提供されることが

あります。専門学校に通う学生は，講義の録音許可を求めることができます。これにより，大規模で騒々しい部屋で講義に集中することが難しい学生は，後日静かな環境で録画された講義を見たり，好きなところで一時停止して見たりすることができます。また，自分の時間割で見たいチュートリアルの項目を選ぶことができるので，最も良い時間に勉強することができます。大学や専門学校では課題の配信に柔軟性があることで，作業量が多いときのストレスが軽減されます。

- **自分のための構造化を勧めましょう**：高等教育の柔軟性は学生に勉強の習慣を変更する機会を与えますが，最大限の成功を得るには自分で構造化することが不可欠です。持ち時間や期限を見える化する日課表やカレンダーによって，彼らは自分の研究や社会的責務について現実感をもつことができます。適度な運動や健康的な睡眠を日課に取り入れるのも重要です。助けが必要な場合は，学生支援課に相談させるか，ADHDコーチを雇いましょう。

- **必要に応じて「ゆっくり」させましょう**：ADHDのある学生は「忙しくて暇がない」です。ADHDのない同級生に比べ課題や研究を完了するのにより時間がかかることがしばしばです。勉強の負荷を軽減することが役立つと気づいて，長い期間をかけて学位を取得する学生もいます。

フルタイムの仕事へスムーズに移行するにはどうすればいいですか？

ほぼ例外なく，子どもの職場に対し親が助言する余地はありません。しかし，子どもが仕事で困難にあったとき，親は大事な相談役となることができます。青年たちは職場に出る前に自分の両親と解

決法を話し合ったり，会話や状況のリハーサルをしたりすることで能力を高められるでしょう。

- **自己擁護を奨励しましょう**：自分自身の強みと弱みについて子どもに認識させましょう。仕事においてうまくできる側面や，成果を上げるために求めるべき修正や支援を，彼らが特定できるよう助けましょう。
- **障害ではなく，症状を告げましょう**：子どもがADHDの診断を開示しなければならないとしたら，適切な部署は人事部です。それ以外は，ADHDの特徴を述べることで支援を求めましょう（例：「私は時々記憶力が悪いので，指示を書き留める必要があります」）。

思春期や成人期にADHDを管理するのに役立つものは何ですか？

これまでの各章で提案した方略の多くは，すべての年齢層で役立ちます。加えて，以下を試してください。

- アラーム付きのスマートフォンを利用して，約束，やることリストにある項目，服薬を思い出したり，仕事のリマインダーを設定したりできます。
- メモ用紙を車の中，枕元，台所の腰かけなどに用意しておけば，重要な考えを書き留めることができます。
- 何度も，当日にはすべての準備が整っているように，事前に計画を立てましょう。
- 鍵と財布にスマートタグ〔スマートフォンと連携して，取りつけた物の紛失を防ぐためのデバイス〕を付けておくと，簡単に見つけることができます。

- 大きな仕事をより小さく，より実行可能な作業に切り分けることで，管理が容易になります。
- 仕事があまりにも細かすぎる，面白くない，または退屈である場合は，仕事を他の人と一緒に行ったり，完了したときに自分にご褒美を与えたりなど，仕事が達成されるよう工夫してみてください。
- 健康的な食生活を選びましょう。
- 定期的に，特に屋外で運動し，自然を楽しみましょう。
- 家事や雑用を止めず，こなし続けましょう。
- 自宅や自分の部屋のゴミを減らしましょう。
- 主治医の受診や，他の専門家（公認心理師，作業療法士，ADHDコーチ）との面接を定期的に予約しましょう。

第9章

ADHDに関する俗説を捨て, 正しいコツを身につけよう!

ADHDに関する20の俗説

俗説1:ADHDは先進国でしか診断されない

　世界中でADHDの診断はなされており, 18歳未満の子どもの約3〜8%, 成人の約3〜4%が診断されています。

俗説2:ADHDは遺伝だけが原因である

　確かに遺伝の影響は強く, ADHDと診断された子どもの60〜70%にADHD様の行動特性の家族歴がありますが, ADHD診断の40%ほどは発達早期の環境要因によっても説明されるかもしれません。

俗説3:男子だけがADHDになる

　児童期においてADHDと診断されるのは男子が女子よりも多く, その割合はおよそ4:1です。この割合は成人期になると1.5:1に変わります。このことから, 児童期では女子は診断されず見過ごされている可能性が示唆されます。女子のADHDは主として不注意優勢型(多動はなく, むしろ静かで注意集中が困難)であることが診断を難しくしているのです。

俗説4：幼い子どものADHDは簡単に診断できる

　ADHDの診断を就学前の子どもに下すことは困難です。幼児期の子どもが多動・衝動性を示すのは一般に年齢相応の正常な行動とされるからです。また，ADHDと診断する前に全般的な発達の遅れ，自閉症，言葉の遅れ，あるいは，難聴の可能性を除外することも必須です。

俗説5：ADHDは子どもの病気である

　複数の長期的研究から，児童期のADHD症状が思春期および成人期まである程度持続する人が3人に2人いることが示されています。ADHDと診断され，治療を受けた子どものうち，1／3は大人になるとADHDの症状はなくなり普通に暮らすことができます。1／3は治療こそ必要でないものの大人になっても特別な支援がいるでしょう。そして1／3は大人になっても治療と特別な支援が必要となるでしょう。ADHDの症状は思春期および成人期になると変化することもあります。子どもの頃に顕著だった多動性は目立たなくなりますが，不注意や気の散りやすさは30代半ばまで残る人もいます。

俗説6：ADHDは誰でも診断できる

　子どものADHD診断は複雑です。担任教師，一般開業医，言語聴覚士，作業療法士，理学療法士，および，公認心理師からの情報提供を受けて，小児科医または精神科医が診断しなくてはなりません。保護者と担任教師には，公認心理師によるアセスメントを含む，いくつかの特別な質問票に回答することが求められます。

俗説7：ADHDは親の躾が不十分なせいである

　不十分な子育てが好ましくない行動を引き起こし得ることが知られています。しかし，ADHDがあるために子どもが問題行動を起こすと，そのために良い子育てでも不十分に見えてしまうのです。ADHDのある子どもの親たちはメンタルヘルスに問題を抱えていることもあり，自分自身を気にかけなくてはならないため，子育てや家族のストレスにさらなる困難が上乗せされてしまいます。ADHDは遺伝の影響が強いため，ADHDのある子の父か母，または両親ともがADHDである可能性はありますが，診断されていないことがしばしばです。

俗説8：ADHDは主に単独で診断される

　ADHDは単独で診断されることはほとんどなく，常に何らかの他の障害（限局性学習症，不安症，うつ病，反抗挑発症，素行症，攻撃性，気分調節症，発達性協調運動症，チック症，そして，自閉スペクトラム症）を併存します。これらの障害は児童期，思春期，成人期を通して重症度が変わりますので，これらを適切に把握し対処していくことが重要です。

俗説9：子どもの脳の構造や結合にADHDがあるかどうかによる違いはない

　ADHDをもつ子どもでは脳体積の低下や未発達な脳の結合がMRIによる研究から観察されています。脳体積はその後通常の成人のサイズまで増加しますし，脳の結合も20歳ごろには正常化しますが，感情の発達は年齢で期待されるよりも大体2〜4歳ほど遅れます。

俗説 10：ADHD のある子の睡眠障害は中枢刺激薬によるものである

入眠困難は ADHD のある子どもの一般的な症状で，薬物療法の開始前にも見られます。睡眠障害の原因となる他の問題（例えば不安，睡眠時無呼吸症候群，雑音）を除外すること，日課を守らせる，デジタル機器の寝室での使用や寝る前の使用を控えさせる，適度に運動させる，などの対策を試してみると良いでしょう。

俗説 11：中枢刺激薬は ADHD の子どもを低身長にし，痩せさせる

ADHD と診断され中枢刺激薬を服用している子どもたちは，最初のうちは体重が減少しますが，これはほとんどの子どもにとって一過性の問題であり，成人期になると体重が増えすぎることが主な問題になります。時には中枢刺激薬が成長に悪影響を及ぼすことがあり得ます。この薬物療法により，最終的に標準身長を 1cm 下回ることがいくつかの研究により示されています。子どもの身長と体重を注意深く見守ることが重要です。

俗説 12：ADHD のある子どもの治療は薬物療法のみである

薬物療法は 80％の子どもに対して ADHD の中核症状を減らすのに有効であり，中等度から重度の症状をもつ子どもに対しては用いられるべきです。オメガ 3 不飽和脂肪酸を摂ることを含む子どもの年齢にふさわしい健康的な食生活を送らせ，食物不耐性がある場合には食品添加物を減らすことが有効です。自然の中での活動や運動を増やすこと，行動を補助すること，日課を作らせること，ADHD に伴う他の障害に対して支援し管理することが，薬物療法を開始する前にできることです。しかし，健康的なライフスタイルを支援することと薬物療法とを組み合わせることが最も効果的です。他にもADHD の症状を減らす方法として考慮すべきものがたくさんありま

す。不健康な食生活（飽和脂肪酸，精糖，加工食品が多く，野菜や果物が少ない）を避けて，食品添加物を減らし，オメガ3不飽和脂肪酸を摂らせましょう。

俗説13：薬物療法に長期的な利点はない

中枢刺激薬による治療は深刻な頭部外傷を負うリスクや少年犯罪に及ぶリスクを減らすことがわかっています。薬物療法は家族の機能や教室内での行動を改善することも明らかになっていますが，長期的な効果よりも中期的な効果について示した研究の方が多いです。この分野に関してさらなる研究が早急に必要でしょう。

俗説14：薬物療法が子どもの学習上の問題をすべて解決してくれる

ADHDの子どもの30〜40％が学習障害により読み書きと算数に困難を抱えています。薬物療法は彼らの注意集中を改善しますが，彼らの読字障害には必ずしも直接には効果を上げません。読字障害は通常，専門的な教育プログラムによって対応され，このプログラムは学校での個別の教育支援計画に基づいて行われます。しかし，子どもの読字障害が重度だった場合，現在の学校での教育プログラムでは適切に支援できるほど集中的に実施されないかもしれません。重度の読字障害については，学校でのプログラムと学校外の民間によるプログラムとの両方を利用すること，それほど重度でない学習困難については家庭教師や小グループ学習を利用することをお勧めします。

俗説15：不注意で集中力の低い子どもはみなADHDである

もちろん，そうではありません。ADHD症状と似た状態を示す障害はたくさんあります。例えば，聴力や視力の障害，睡眠障害，て

んかん，栄養失調，危険ドラッグやアルコールの使用です。

俗説16：療育プログラムや特別食だけでADHDを管理するのに有効である

　軽度のADHD症状をもつ子どもにとってはそうかもしれませんが，症状が中等度から重度の子どもにはあてはまりません。薬物療法はADHDの子どもにとって最も効果的です。しかし，薬物療法と他のさまざまな治療法とを併用することがベストです。

俗説17：体罰はADHDの子どもの問題行動へのアプローチとして効果的である

　そんなことはありません。ADHDの有無にかかわらず，体罰は子どもに長期持続的なメンタルヘルスの問題をもたらすことが多くの研究から示されています。

俗説18：ADHDの薬は依存性がある

　抗ADHD薬のいずれにも依存性はありません。低用量の場合は特にそうです。依存性の高い覚醒剤であるメタンフェタミンとは大きく異なる薬物です。

俗説19：行儀の悪い子どもはADHDと診断される

　ADHDと診断される子どものほとんどは，普段の行儀は良いものの，課題を始めたり完了させることが難しかったり，気が散りやすかったり，どれだけ間違っているかについて認識不足だったりします。「行儀が悪い」ことはよくADHDの子どもがイライラしていたり，強いストレスを感じているときに感情をコントロールできないことと関係しています。不安によって扱いが非常に難しい行動とし

て現れたり，過剰な感覚への負荷が攻撃性として現れることもあります。

俗説20：ADHDの子どもはIQが低い

ADHDのある子どもでは，知能指数（IQ）の下位指標のいくつか，特にワーキングメモリーと処理速度が低くなるかもしれませんが，IQとしては標準域を挟んで低値から高値まで，どの数値をとることもあり得ます。

保護者のための20のコツ

1.（子どもにつけてあげる前に）まずあなた自身が"酸素マスク"をつけましょう

子育てはとても難しいことです。子どもにADHDがあると専門的な技能も必要になり，さらに難しくなります。親にとって自身に気を配ることは子どもに気を配ることと同じくらい，とても重要です。ADHDのある子どもをもつことは夫婦の関係も緊迫させます。そのため，夫婦関係についても同様に気を配りましょう。

2. ADHDの子どもたちにとって親たちが計画的であることが必要です

生まれつき計画的な親もいれば，それを難しいと感じる親もいます。もしあなたが計画的な親でない場合，あなたのスキルを磨くために友人やADHDコーチの支援を受けましょう。日課と枠組みづくりはADHDの子どもにとっても家族全体にとっても役立つでしょうし，育児の負担を軽く

ADHDに関する俗説を捨て，正しいコツを身につけよう！

してくれるでしょう。

3. 子どもとしっかりした関係を築き，信頼を得ましょう

　　ADHDの子どもをもつ親にとって，上手に生きていくために必要なスキルを可能な限りたくさん教えることに集中するのは自然なことです。ただ一緒にいてあげる時間を作ることもまた，忘れないでください。その時間に，子どもは役に立つスキルをいくつも学ぶでしょう。お互いに信頼し合いましょう。

4. ADHDとその併存症について学びましょう

　　知識は力となります――よく備えましょう。ADHDは最も研究が進んでいる児童期の発達障害です。また，世間でも最もよく知られています。研究に基づいた信頼できる情報源を選びましょう。あなた自身が学んだら，他の人々にも教えられます。

5. あなたの子どもにADHDのことや自分らしさを学ばせましょう

　　あなたの子どもはADHD診断だけでは語りつくせません。彼または彼女はオンリーワンの特徴を持った1人の人間です。あなたの子どもに関心を持ち，その強みや情熱，夢を発見しましょう。そして，ADHDが子どもの人生にどのように影響するかを考える手助けをしましょう。どんな人にも通用する1つの方法などありません。

6. 「DIY マニュアル」と「成功日記」を作って維持しましょう

　　あなたの子どもに関するすべてを書き留めて記録しておきましょう。オンリーワンの特徴，うまくいった対処法やご褒美なども記録しましょう。この記録は将来子どものADHDへの対応のDIYマニュアルになるでしょう。大きな成功と小さな成功で項目を分けておきましょう。

7. 一貫性を持ちつつ，子どもの一貫性のなさを想定しておきましょう

　　あなたの子どもには調子のいい日も悪い日もあることを受け容れましょう。あなたの子どもが以前に習得したスキルを忘れてしまうとしても，なまけているわけではありません。調子のいい日には褒めてあげ，そしてそれを調子の悪い日にやる気を起こさせるために用いましょう。あなたの子ども自身が一貫性のなさにイライラし，恥ずかしいと思っていることを理解しましょう。

8. 切り替えを支援しましょう

　　ADHDのある子どもは注意の対象を切り替えることが難しく，刺激的な課題からあまり魅力的ではない課題に切り替えなくてはならないときは特にそうです。日々の生活におけるさまざまな切り替えに加えて，人生における節目という大きな切り替えもあり，ADHDのある人々にとっては問題となります。進級，中学・高校への進学，大学・専門学校への進学，転居などです。大小を問わずすべての切り替えにおいて計画を立てさせ，予告し，橋渡しを支援することが必要です。

9. マインドフルネスを通して一時停止することを教えましょう

ADHD脳には一時停止ボタンがありません。何であれあなたの子どもの注意を引いたものがその子の最優先事項になるでしょう。簡単なマインドフルネスの手法を教えることで，一時停止することの効力を子どもに示してあげることができます。何度か練習すれば，この手法は簡単に使えるようになり，子どもが次のステップについて考える余裕も生まれるでしょう。

10. 感情の荒波に対処しましょう

感情を上手にコントロールできないことはADHDの特性の1つです。そしてこれは思考や行動にも悪影響を与えます。あなたの子どもは自分の心を静めることに苦戦して，その結果怒りを爆発させたり，くよくよ思い悩んだり，精神的な混乱状態に陥ってしまうでしょう。あなたの子どもに，それがADHDの特性の1つであることを気づかせ，感情の荒波に対処する方略をいくつか，その子との合意のもとに立てておきましょう。

11. ソーシャル・スキルを教え，友情を育ませましょう

ADHDの子どもにとって社会的な交流は難しいことがあります。あなたとの交流の中で，ソーシャル・スキルのお手本を示しましょう。あなたと同じ境遇の「仲間」を探し，家族ぐるみで友だちになりましょう。子どもには同年齢グループに集中するよりも，すべての年齢の子どもと仲良くなるよう勧めましょう。友だち1人だけとの遊びの約束を設定しましょう。

12. 時間を見える形にしましょう

　　ADHDは「タイム・ブラインドネス」を引き起こします。あなたの子どもが時間を管理できるようになるためには時間を見える形に，場合によっては聴こえる形にもしてあげることが必要です。時間経過を追うためや，課題を終わらせるまでの「短距離走」にするために，視覚化タイマーを使いましょう。ウィークリープランナーや月間カレンダーは締め切りを視覚化でき，課題に時間を配分することが容易になります。

13. 子どもの記憶を行動の時点で外在化させましょう

　　ADHDのある子どもはしばしば優れた長期記憶を持っていますが，短期のワーキングメモリーに情報を保持することは苦手です。方法，リマインダー，報酬，そして結果が，行動するその時点で常に標的とされていなければなりません。適切な時と場所でのリマインダーや，課題を完了したらすぐに貰えるご褒美が含まれます。

14. 課題や時間を小分けにしましょう

　　ADHDの子どもは課題を小分けにすることが難しいため，課題がとても大きく見えて，圧倒されてしまうことがあります。例えば，部屋を掃除しなさい，と言う代わりに，やることを箇条書きにして小分けにし，タイマーを使って15分，20分，または30分間の短距離走にしましょう。ADHD脳は短距離走に優れています。ゴールが見えていれば，より簡単に始められます。

15. 持ち物を管理するシステムを作りましょう

　　環境が散らかっていると心も"散らかり"ます。ADHD
のある人の脳が有効に機能するためには，整理整頓され，
管理された環境が必要です。彼らが「何がどこにあるか，
すべてわかっている」と言うことばに惑わされないように
しましょう。代わりに，置き忘れたものを探すことに彼ら
が費やしている時間の長さを目安にしましょう。子どもに
必要な整理整頓のレベルと，あなたが許容できる乱雑さの
レベルとのバランスが取れるところを探すことが大切です。
システムはシンプルに，子どもからも意見を聞きつつデザ
インしましょう。

16. デジタル機器とその画面を管理しましょう

　　デジタルの時代はADHDの子どもにとって多くの利点を
提供します。例えば，パソコンによって書くことが簡単に
なった子がたくさんいます。さまざまなアプリが計画的に
生活するのに役立ちます。学校からの資源がオンラインで
提供されます。しかし，これらデジタル機器の画面はひど
く気が散る原因になりますし，依存症になってしまう場合
もあります。パソコン，スマホ，タブレットの使い方につ
いて明確なルールを定めて，親が模範を示しましょう。子
どもが依存症かもしれないと思ったら，専門家に助けを求
めましょう。

17. 学校に説明して支援を求めましょう

　　子どものADHDについて学校に開示しないことを選ぶ親
たちもいますが，学校としては開示された情報に基づいて

正式に支援を提供する状況が理想です。子どもに影響を与えるかもしれないADHDとその併存症に関して，エビデンスに基づいた情報を提供しましょう。検査結果と報告書の写しも提供しましょう。学校の全教員があなたの子どもの「強み」と「これから頑張る部分」を認識していることを確かめましょう。

18. 現実的で健全な宿題の日課を作りましょう

　学校が宿題に期待する目的を明らかにし，それが妥当であることを確認しましょう。子どもが宿題や課題を終わらせるための時間を，毎日定期的に設けましょう。課題を小分けにして短距離走にしましょう。優先順位をつけて宿題のプランを立てることを助けましょう。宿題中に気が散る元となるインターネットやソーシャルメディアから子どもを離すことができているかチェックしましょう。宿題が終わったらすぐにあげられるご褒美を用意しておきましょう。もし宿題があまりに強いストレス因になるようなら，家庭教師を雇いましょう。

19. 子どもの代弁者となりつつ，自己主張を教えましょう

　あなたは子どもに支援の求め方や便宜を図ることの頼み方を学んでほしいと思っているでしょう。このスキルを習得するにはかなり長い時間がかかります。子どもが十分な自信をもって自己主張し，自分のステップアップのために必要な支援を自覚することができるようになるまでは，あなたがお手本を示し，代弁してあげましょう。教師たちはいつも快くサポートしてくれますが，学び方が異なる子ど

もたちを支援する最善策を常に持っているわけではありません。子どもが効果的な便宜を認識できるよう助けて，教師にお願いするときの話し方を練習させましょう。

20. 子どものために「村」を作りましょう

　　古くからの格言に「1人の子どもを育てるためには1つの村が必要」というものがあります。ADHDのある子どもの場合，そのような「村」を見つけることはより困難かもしれませんが，むしろより重要なことです。子どもが大人の世界に移行するとき，彼らは必要なすべての技能を身に着けていないでしょう。しかし，子どもは自分の生活に親にはあまり関わってほしくないかもしれません。信用でき，頼れる親以外の大人をもつことが子どもにとって重要です。

教師のための20のコツ

1. ADHDとその併存症，そして各生徒について学びましょう

　　ADHDの子どもが示す症状はさまざまです（ぼんやりしているか，多動であるか，またはその両者）。ADHDの中核症状，関連する実行機能の障害，併存する学習障害と不安などの精神症状によって，ADHDの子どもたちは勉強することを困難にさせられています。ADHDの子どもは整理整頓や時間の管理にも多大な困難をかかえています。保護者は常に，子どもたちを知るための情報源です。さらに，ADHDは子どもの発達障害として最も多く診断されているため，常に進歩しているこの専門分野について押さえておくことが重要です。

2. 慎重になりましょう

ADHDの診断には重大な偏見がつきまといます。そのため，生徒や家族は診断を開示することを控える傾向にあります。常に慎重さをもって生徒を支援しましょう。注意を保たせるために，事前に合意を得てあなたとその子にだけわかるような対処法や合図を用意しましょう。教室や他の人がいる場所で薬について言及することは控えましょう。他の生徒の前で問題行動に及んでしまい恥をかかせることは避けましょう。

3. 一貫性のなさを予想しておきましょう

ADHDのある生徒の行動や能力はその日その日で異なり，さらには1日の中でも，あるいは学習環境によっても異なります。服薬中にも起こりうるこうした能力の一貫性のなさは，時に怠けているとか努力不足として解釈されます。生徒がある日にできた課題を翌日にはできないとなると，教師にはストレスになります。しかし，生徒自身にとってはさらにストレスなのです。未来の「成功」に近づくために必要なデータを提供してくれているのですから，成功したときの記録をつけることを助け，褒めてあげましょう。子どもの困難さに注目し過ぎないようにしましょう。

4. 強みを披露させましょう

ADHDのある生徒は能力によって得意・不得意があるでしょうが，突出した才能をある領域に示し，また，むしろ優れた能力を持っています。彼ら彼女らの強みをクラスメートに披露できる機会を用意してあげましょう。

5．切り替えやすくしましょう

ADHDのある生徒には環境や活動の切り替わりの際，多くの時間と支援が必要です。小学校では活動から活動へ移行するとき融通をきかせましょう。ある活動を始めるために長い時間がかかる生徒が移動の時間になっても前の活動に集中しているなら，その活動を終えるまでの猶予を与えることを検討しましょう。また，業間休みや昼休みの後に教室での活動に落ち着いて戻るためのルーティンを作るよう指導し，そのルーティンを視覚化することを検討しましょう。中学校や高校では，授業開始時に集中するために時間がかかるであろうことに留意しましょう。

6．ブレイン・ダンプ（脳にあることをすべて吐き出させる）

ADHDのある生徒は自分が集中していることに気づいたとき，中断して再開することがどれだけ難しいかを知っているので，作業を止めるのを嫌がります。可能な限り，終わるまで作業をさせておきましょう。しかし，どうしても止めなければいけない場合，その課題の「次にやること」を書き出させましょう。課題に戻ってきたとき，そのメモがどこから再開すればよいかを教えてくれます。

7．ソワソワさせておきましょう

ADHDのある生徒が，ソワソワしているのを止めるよう言われると，じっと座ることに集中し続けるためにとても大きな精神的エネルギーを費やします。その結果，彼らは授業内容に集中することが難しくなってしまいます。就学前や小学校では，他の子どもの邪魔にならなければソワソ

ワすることを許しましょう。中学校や高校では，ソワソワ
を克服できるような落ち着くコツを教えましょう。落書き
をする，消しゴムの破片で遊ぶ，小石をいじる，などは良
いソワソワの対処法です。もし落ち着かなくなったときは
トイレ休憩のために部屋を離れてよい，などの約束を前もっ
て取り決めておきましょう。

8. 小分けにし，箇条書きにする

　　先生方は生徒のやることを小分けにすることがとても上
手です。しかし，ADHDのある生徒に必要な小分けのレベ
ルについては知らない場合もあります。ADHDのある生徒
たちはやることを小分けにできないために，課題がとても
巨大に見えてしまい圧倒されてしまいます。教室では，課
題を与える際は一度にひとつだけにしたり，短い箇条書き
のリストにしてどこから取り組めばいいかをわかりやすく
しましょう。宿題や自主研究もまた小分けにすべきです。

9. 取りかからせるために，短距離走にしましょう

　　ADHD脳は素晴らしい短距離走者です。ゴールが見えて
いれば，彼らが仕事に取りかかる可能性はより高まります。
時間内にできるだけ多くの作業を完了できるよう，10分間，
20分間，30分間のタイマーを設定して短距離走にしましょ
う。また，短距離走の合間にこまめな休憩をとらせること
が非常に効果的です。生徒に，短距離走とこまめな休憩の
サイクルを作らせることで，大きな仕事をやり遂げさせま
しょう。

10. ワーキングメモリーの負荷を減らしましょう

　　教室内の情報を「見える化」しましょう。教示と日課は文字で与えられるべきです。授業の終わりに黒板の写真を撮らせ，ノートをとることが難しい生徒には授業の要点をまとめたプリントを作って渡しましょう。学校のポータルサイト上に宿題の情報や資料を置き，生徒と保護者が利用できる形にしておきましょう。ADHDのある生徒は宿題をどこまでやったかを記録しても一致しないことがあるので，その場合には支援と猶予を与えることも必要です。

11. 時間を「見える化」しましょう

　　ADHDのある生徒には2つの締め切りがあります。「今やる」仕事と，「今はやらなくてよい」仕事です。締め切りが間近にある仕事では時間の枠組みを理解しますが，長期的な計画ではそうではありません。掲示板に計画表を貼り，宿題の締め切り日がわかりやすくなるよう印をつけておきましょう。毎日，日付に×印を付けていき，今日がいつなのかを生徒に知らせます。こうした工夫により，宿題を終わらせるためにどれだけ時間があるのかを「見える化」できます。この計画表を自宅での宿題や課外活動のために使うよう，生徒たちに勧めましょう。

12. 「自由に書くこと」を勧めましょう

　　生徒が素晴らしいアイディアを思いついても，正しい書式や体裁で表現しようと奮闘しているうちに忘れてしまうことが時々あります。そんなことがないように，まずアイディアを自由に書いて，その後で正しい書式に直すよう勧

めましょう。これはパソコン上でやるのがベストです。例えば，最初に感想文の本文を書き，その後に導入部分を書くなどです。

13. ホワイトノイズを使いましょう

独りで作業しているときにイヤホンで音楽，環境音，または，ホワイトノイズを聴かせましょう。これは外部および内部の余計な雑音を防ぐことになります。その結果，生徒は目の前の作業に集中しやすくなるでしょう。他の生徒のせいで気が散ることも防げます。

14. 定期的にチェックイン（何も問題ないことを確認すること）させましょう

宿題の一部を終えたら，先に進む前に終わった分について先生と話し合うよう勧めましょう。先に述べた小分けにするメリットがあるほか，正しい側面に彼らを集中させ続けることができますし，宿題の1つの側面に集中し過ぎて他の側面を犠牲にすることも防げるでしょう。

15. 保護者と定期的に連絡を取り合いましょう

小学校では連絡帳などで，中学校や高校ではメールなどで，うまくできているかもしれません。生徒が経験した失敗と同様に，成功したことについて連絡することを忘れないでください。保護者はしばしば学校から苦情をぶつけられるからです。宿題を課したり，長期的なプロジェクトが始まったりしたときは直ちに保護者に知らせましょう。締め切りを明確にしておくことで保護者が生徒に計画を立て

させることができます。

16. 友情を育ませましょう

　ADHDのある生徒は情動の成熟が遅いために，社会的な関わりを難しいと感じています。できれば同級生との関係づくりを奨励しましょう。ADHDのある生徒の強みを他の生徒に見せられるグループ学習を用意しましょう。例えば，その生徒がアイディアマンとしては優れているが文筆家としてイマイチである場合は，書くのが得意な生徒とペアを組ませましょう。

17. ポジティブな表現をしましょう

　ADHDのある子どもは生活の中でたくさんのネガティブな言葉を投げかけられますので，「4：1の割合」を使うことを試しましょう。ひとつのネガティブなコメントにつき，4つのポジティブなコメントをするのです。不適切な行動よりも，適切な行動にもっと気づきましょう。このことが難しいと気づきましょう。

18. 気が散るものは最小限に

　注意を逸らされてしまうので，教室内に雑多なものを置くのは最小限にとどめましょう。

19. 生徒の集中を保ちましょう

　生徒を教壇の近くに座らせ，情報は繰り返し伝えましょう。教室の他の生徒が注意を逸らされないような方法をとりましょう（ADHDのある生徒の注意を引く，できるだけ

視線を合わせる，短い文章ではっきりと話す，視覚化された合図を使い，ルールを守れるまで可能な限り待つ，文と文の間に一呼吸おいて生徒がぼーっとしていないか確認する，説明をゆっくり簡潔に繰り返す，話を引き延ばしすぎないようにするなど)。

20. クラスに導入する前に家庭に情報提供しましょう

新しいコンセプトを学級に導入しようとする場合，そのコンセプトをADHDの子どもが理解しやすくするために，家庭で週末に話し合うことができるよう，あらかじめ保護者に伝えておくと良いでしょう。

参考文献

American Psychiatric Association. Diagnostic and statistical manual of mental disorders (5th ed.). Arlington, VA: American Psychiatric Publishing, 2013.

Banerjee TD, Middleton F, Faraone SV. Environmental risk factors for attention-deficit hyperactivity disorder. Acta Paediatr. 2007; 96: 1269-74.

Barkley RA, Fischer M, Smallish L, Fletcher K. Young adult outcome of hyperactive children: adaptive functioning in major life activities. J Am Acad Child Adolesc Psychiatry 2006; 45: 192-202.

Bradley W. The behavior of children receiving benzedrine. Am J Psychiat 1937; 94: 577-85.

Brehaut JC, Miller A, Raina P, McGrail KM. Childhood behavior disorders and injuries among children and youth: a population-based study. Pediatrics 2003; 111: 262-9.

Canadian Attention Deficit Disorder Resource Allinance (CADDRA) (2011) Canadian Practice Guidelines (3rd ed.). Toronto Ontario: CADDRA,2011.

Clinical practice guideline: diagnosis and evaluation of the child with attention-deficit/hyperactivity disorder. American Academy of Pediatrics. Pediatrics 2000; 105: 1158-70.

Coghill DR, Seth S, Pedroso S, Usala T, Currie J, Gagliano A. Effects of methylphenidate on cognitive functions in children and adolescents with attention-deficit/hyperactivity disorder: evidence from a systematic review and a meta-analysis. Biol Psychiatry 2013 DOI:10.1016/j.biopsych.2013.10.005.

Danckaerts M, Sonuga-Barke EJ, Banaschewski T, Buitelaar J, Dopfner M, Hollis C, et al. The quality of life of children with attention deficit/hyperactivity disorder: a systematic review. Eur Child Adolesc Psychiatry 2010; 19: 83-105.

Daughton JM, Kratochvil CJ. Review of ADHD pharmacotherapies: advantages, disadvantages, and clinical pearls. J Am Acad Child Adolesc Psychiatry 2009; 48: 240-8.

Efron D, Davies S, Sciberras E. Current Australian pediatric practice in the assessment and treatment of ADHD. Acad Pediatr 2013; 13: 328-33.

Efron D and Toner M. Transition to adult care for patients with ADHD. ADHD in Practice 2014; 6(3): 7-9.

Faraone SV. Using meta-analysis to compare the efficacy of medications for attention-deficit/hyperactivity disorder in youths. P & T: a peerreviewed journal for formulary management 2009; 34: 678-94.

Felder RM and Spurlin J. Applications, reliability and validity of the Index of Learning Styles. International Journal on Engineering Education 2005; 21(1): 103-112.

Finlay F and Furnell C. Internet addiction disorder and ADHD. ADHD in Practice 2014; 6(1): 4-6.

Frederickson B. Positivity. London: Oneworld Publications, 2012.

Germanò E, Gagliano A, Curatolo P. Comorbidity of ADHD and Dyslexia. Developmental Neuropsychology 2010; 35: 475-93.

Giwerc, D. Permission to proceed: creating a life of passion, purpose and possibility for adults with ADHD. New York: ADD Coach Academy, 2011.

Goraya JS, Cruz M, Valencia I, Kaleyias J, Khurana DS, Hardison HH, et al. Sleep study abnormalities in children with attention deficit hyperactivity disorder. Pediatr Neurol 2009; 40: 42-6.

Hallowell E. Crazy busy. New York, Ballantine Books, 2006.

Harrison E. The Foundations of mindfulness. New York, The Experiment, 2017.

Johnston C, Mash EJ. Families of children with attention-deficit/hyperactivity disorder: review and recommendations for future research. Clin Child Fam Psychol Rev 2001; 4: 183-207.

Keenan HT, Hall GC, Marshall SW. Early head injury and attention deficit hyperactivity disorder: retrospective cohort study. BMJ 2008; 337: a1984.

Kim HH, Viner-Brown SI, Garcia J. Children's mental health and family functioning in Rhode Island. Pediatrics 2007; 119 Suppl 1: S22-8.

Kooij SJ, Bejerot S, Blackwell A, Caci H, Casas-Brugue M, Carpentier PJ, et al. European consensus statement on diagnosis and treatment of adult ADHD: The European Network Adult ADHD. BMC Psychiatry 2010; 10: 67.

Langley K, Rice F, van den Bree MB, Thapar A. Maternal smoking during pregnancy as an environmental risk factor for attention deficit hyperactivity disorder behaviour. A review. Minerva Pediatr 2005; 57: 359-71.

Millichap JG. Etiologic classification of attention-deficit/hyperactivity disorder. Pediatrics 2008; 121: e358-65.

The MTA Cooperative Group. A 14-month randomized clinical trial of treatment strategies for attention-deficit/hyperactivity disorder. Multimodal treatment study of children with ADHD. Arch Gen Psychiatry 1999; 56: 1073-86.

NICE guideline, Attention deficit hyperactivity disorder: The NICE guideline on diagnosis and management of ADHD in children, young people and adults. London: The British Psychological Society and The Royal College of Psychiatrists 2008.

Nigg J, Nikolas M, Burt SA. Measured gene-by-environment interaction in relation to attention-deficit/hyperactivity disorder. J Am Acad Child Adolesc Psychiatry 2010; 49: 863-73.

O'Connor MJ, Shah B, Whaley S, Cronin P, Gunderson B, Graham J. Psychiatric illness in a clinical sample of children with prenatal alcohol exposure. Am J Drug Alcohol Abuse 2002; 28: 743-54.

Pearce C. A short introduction to promoting resilience in children. London: Jessica Kingsley Publisher, 2011.

Plomp E, Van Engeland H, Durston S. Understanding genes, environment and their interaction in attention-deficit hyperactivity disorder: is there a role for neuroimaging? Neuroscience 2009; 164: 230-40.

Polanczyk G, de Lima MS, Horta BL, Biederman J, Rohde LA. The worldwide prevalence of ADHD: a systematic review and metaregression analysis. Am J Psychiatry 2007; 164: 942-8.

Prescott S and Logan A. The Secret life of Your Microbiome. New Society Publishers. 2017.

Ríos-Hernández A, Alda J, Farran-Codina A, Ferreira-García E, Izquierdo-Pulido M. The Mediterranean Diet and ADHD in Children and Adolescents. Pediatrics 2017; 139: 2.

Seligman M. Authentic happiness. London: Hodder & Stoughton, 2011.

Shaw P, Malek M, Watson B, Sharp W, Evans A, Greenstein D. Development of cortical surface area and gyrification in attention-deficit/hyperactivity disorder. Biol Psychiat 2012; 72(3): 191-197.

Silva D, Colvin L, Hagemann E, Bower C. Environmental risk factors by gender associated with attention-deficit/hyperactivity disorder. Pediatrics 2013.

Silva D, Colvin L, Hagemann E, Stanley F, Bower C. Children diagnosed with attention deficit disorder and their hospitalisations: population data linkage study. Eur Child Adolesc Psychiatry 2014 DOI:10.1007/s00787-014-0545-8.

Silva DT, Houghton S, Bower C. Child attention deficit hyperactive disorder co-morbidities on family stress: effect of medication. Community Mental Health Journal 2014.

Sonuga-Barke EJ, Brandeis D, Cortese S, Daley D, Ferrin M, Holtmann M, et al. Nonpharmacological interventions for ADHD: systematic review and meta-analyses of randomized controlled trials of dietary and psychological treatments. Am J Psychiatry 2013; 170: 275-89.

Thapar A, Cooper M, Jefferies R, Stergiakouli E. What causes attention deficit hyperactivity disorder? Arch Dis Child 2012; 97: 260-5.

Toner M, O'Donoghue T, Houghton S. Living in chaos and striving for control: how adults with attention deficit hyperactivity disorder deal with their disorder. International Journal of Disability, Development and Education 2006; 53(2): 247-61.

Willcutt EG, Pennington BF, Olson RK, Chhabildas N, Hulslander J. Neuropsychological analyses of comorbidity between reading disability and attention deficit hyperactivity disorder: in search of the common deficit. Developmental neuropsychology 2005; 27: 35-78.

Yoshimasu K, Barbaresi WJ, Colligan RC, Voigt RG, Killian JM, Weaver AL, et al. Childhood ADHD is strongly associated with a broad range of psychiatric disorders during adolescence: a population-based birth cohort study. J Child Psychol Psychiatry 2012; 53: 1036-43.

Young S, Amarasinghe JM. Practitioner review: Non-pharmacological treatments for ADHD: a lifespan approach. J Child Psychol Psychiatry 2010; 51: 116-33.

　ADHDにはすでに多くの書籍があり，これまでもいろいろな取り組みがなされています。しかし，基礎的なことから実際の医学的な手法，さらには家庭や学校での具体的な支援のポイントまでをコンパクトに示した本はあまり見られませんでした。

　本書は，西オーストラリアで子どもの成長を科学的根拠を持って追いかける形でのコホート研究で著名な，デシリー・シルヴァ先生を中心とした研究者・臨床家による，ADHDやADHD傾向のある子どもをもつ保護者や，指導する教師を対象とした入門書です。ADHDに対する非常に基本的な知識や対応の仕方について，丁寧に説明されています。医療や教育行政の仕組みについて原著ではオーストラリアの状況を中心に書かれていた部分は，日本の実情に合わせて訳注をつけて読みやすくしています。シルヴァ先生は，2014年の第55回日本児童青年精神医学会において招聘講演のために来日され，西オーストラリアでのコホート研究の知見をお話しくださり，私たちも研究交流をしたことを懐かしく思い出します。その後，国際学会などでお会いする中で，本書が刊行されたことを知り，今回の訳書の刊行に至りました。本書の特徴として，シルヴァ先生たちの長期的な転帰に関しての科学的知見を基に執筆されていることがあげられます。臨床的な知見は非常に重要ですが，ADHDの子どもや大人の人たちがもつ臨床的課題に取り組んだとき，どうしても臨床家の視点から来る偏りが生じがちになります。そのため，全体像を把握するには，本書は最適の入門書と言えます。保護者の皆さんに読ん

でもらうことを想定し，とても平易に書かれていますが，数多くの学術的な知見を取りまとめた内容になっています。また，診断基準においても，最新のICD-11の前のICD-10に基づいていることを付記しておきます。

　ADHDの子どもたちについての相談を受ける機会は多く，学校という場所で多くのADHDの子どもたちが苦労しているのが実際です。私自身も，ADHD特性の高い人間で，不注意でミスが多く，本書に書かれている内容は身につまされることが多くありました。本書の翻訳に際しては，各章の翻訳担当者をはじめ，多くの方の力があって刊行に至っております。医療面での監修も含め，浜松医科大学子どものこころの発達研究センター時代よりの盟友の鈴木勝昭氏に共同監訳をお願い致しました。それから，特に，香取みずほ氏（NPO法人アスペ・エルデの会）には翻訳の細かなサポートをしていただきました。金剛出版の担当編集者の立石哲郎氏には締め切りを忘れがちなところ適切なサポートをいただきました。皆様に感謝申し上げます。

　ADHDの子どもたちや大人たち，そして，ご家族の皆様に，少しでもお役に立てましたら幸いです。

辻井正次（中京大学現代社会学部）

　児童精神科の外来でADHDのある子どもたちの診療にあたっている者として，本書の監訳に携われたことを大変うれしく思います。本書は発達小児科医であるDesiree Silva教授と認定ADHDコーチであるMichele Toner先生によって執筆され，原題は"ADHD Go-To Guide"といいます。"Go-To"は「頼りになる」，「間違いない」という意味ですが，まさにその通りの内容で，ADHDのある子どもの親と家族，そして教師向けにわかりやすく，ADHDのある子どもたちをどのように支援すべきかの具体例がまとめられています。

　本書は主に英語圏に向けたものですので，内容の中には欧米と日本とで異なる部分がありました。監訳にあたり，わが国独自の情報，例えばADHDのわが国での疫学，わが国の医療保険制度で処方を受けられる治療薬，中枢刺激薬の処方を受けるときに登録が必要となるADHD適正流通管理システムなどについて，可能な限り追記しました。また，ADHDの薬物療法の位置づけについても，わが国のADHD治療ガイドラインに準じた考え方となるよう配慮しました。

　本書の構成として，まずADHDに関する基礎知識（1，2章）から始まり，薬物療法とその他の支援方略（3章），親ができる支援（4～5章），教師ができる支援（6～7章）から，最後に成人期への準備（8章）という流れで解説されていますが，結論を早く知りたいという読者におかれては9章から読み始めるのも良いのではないかと思います。ADHDに関する俗説，親への助言，教師への助言が簡潔にまとめられているからです。

実際の診療場面において主治医として提供したいと思っていながらも，診察時間が限られているために提供することが難しかった情報が，広汎かつ具体的に網羅されていますので，想定読者である親や教師のみならず，小児科や精神科の医療従事者，かかりつけ医，その他の専門家の方々にも読んでいただけることを願っています。

　　　　　　　　　　　　　鈴木勝昭（宮城県子ども総合センター）

著者について

Desiree Silvaは，西オーストラリア大学およびジュンダラップ・ヘルスキャンパスの小児科教授。英国で医師としての訓練を受け，西オーストラリア州とノーザンテリトリーで小児科専門医の訓練を修了。神経発達障害に強い関心を持ち，ADHD，自閉症，不安障害，発達障害と診断された子どもの管理に20年以上携わってきました。ADHDと診断された子どもや若者の早期環境リスク因子と教育や司法の成果に関する研究で博士号を取得しました。国際ADHD学会，オーストラリア神経発達行動小児科学会（NBPSA）の科学委員会メンバーであり，The Learning and Attentional Disorders Society（LADS）の専門家諮問委員会にも所属しています。ADHD研究のさまざまな側面について，国内および国際会議に定期的に招かれて講演を行っています。これは，ADHDを含む神経発達障害の早期事前プログラムについて理解を深めるために，西オーストラリア州において，テレソンキッズ研究所とジュンダラップ・ヘルスキャンパスとが共同で立ち上げた新しい出生コホート研究プロジェクトを主宰しています。彼女は，人生の旅路でサポートを必要とする子どもとその家族の強力な擁護者です。

Michele Tonerは，オーストラリアで最初に認定されたADHDのコーチです。高校教師としてスタートし，その後，企業，非営利団体，中小企業の部門で働いてきました。彼女の博士号（2009年）と特殊教育修士号（2001年）は，いずれもADHDに焦点を当てたもの

です。現在は，個人でコーチングを行い，経営者，大人，両親，学生などをクライアントに持っています。また，学校，大学，職場で，クライアントが最高の結果を得られるよう，定期的にコンサルティングを行っています。また，ADD Coach Academy（ADDCA）の教員でもあります。専門的な仕事に加え，彼女は1995年以来，ADHDの人々の熱心な擁護者でもあります。LADSの執行役員，理事長，専門家諮問委員会のメンバーを務めてきました。また，新たに設立された当事者団体であるADHDオーストラリアの設立にも，創設理事として重要な役割を果たしました。彼女は，学術的な研究のバックグラウンドと実際のアドボカシー活動の豊富な経験により，専門家と当事者の両方の領域で自在に活躍しています。現在，Australasian Professionals ADHD Network（AusPAN）の共同設立者であり，ADHDの人々のためのソーシャルメディアサポートグループの管理者でもあります。

監訳者略歴

辻井正次 (つじい・まさつぐ)
発達臨床心理学者・公認心理師。中京大学現代社会学部教授。NPO法人アスペ・エルデの会CEO。名古屋大学大学院教育学研究科博士後期課程満期退学。日本小児精神神経学会理事，日本発達障害学会評議員。

著訳書に，『発達障害のある子どもたちの家庭と学校』（単著・遠見書房），『日本版感覚プロファイル』（監修・日本文化科学社），『日本版Vineland-II 適応行動尺度』（監修・日本文化科学社），『発達障害のある子どもができることを伸ばす！――幼児編／学童編／思春期編』（監修・日東書院），『友だち作りの科学――社会性に課題のある思春期・青年期のためのSST ガイドブック』（共監訳・金剛出版）などがある。

鈴木勝昭 (すずき・かつあき)
宮城県子ども総合センター附属診療所精神科医師。ふくしま子どもの心のケアセンター副所長，および，福島学院大学客員教授を兼任。日本精神神経学会精神科専門医，同指導医。
専門分野は臨床精神医学，神経化学，および，精神疾患・発達障害の脳画像学。

著書に『発達障害のある子の自立に向けた支援』（分担執筆・金子書房），『臨床家のためのDSM-5 虎の巻』（分担執筆・日本評論社）がある。

訳者一覧

第1章	足立匡基	（明治学院大学）
第2章	松本かおり	（金沢工業大学）
第3章	山根隆宏	（神戸大学）
第4章	高柳伸哉	（愛知教育大学）
第5章	榊原久直	（神戸松蔭女子学院大学）
第6章	小倉正義	（鳴門教育大学）
第7章	中島卓裕	（中京大学）
第8章	野村昂樹	（総合心療センターひなが）
第9章	増山晃大	（医療創生大学）

子どもが楽しく元気になるための

ADHD支援ガイドブック
親と教師が知っておきたい9つのヒント

2022年10月20日　印刷
2022年10月30日　発行

著者———デシリー・シルヴァ　ミシェル・トーナー
監訳者——辻井正次　鈴木勝昭

発行者——立石正信
発行所——株式会社 金剛出版
　　　　　〒112-0005 東京都文京区水道1-5-16　電話03-3815-6661
　　　　　振替 00120-6-34848

装幀◉岩瀬 聡　本文組版◉石倉康次　印刷・製本◉音羽印刷

ISBN978-4-7724-1925-3 C3037　　©2022 Printed in Japan

PEERS 友だち作りのSST
［学校版］
指導者マニュアル

［著］＝エリザベス・A・ローガソン
［訳］＝山田智子

B5判　並製　480頁　定価 4,620円

学校現場に特化した
友だち作りが身につく全16セッション。
課題をひとつずつクリアしていく実践マニュアル。

親子で成長！
気になる子どものSST実践ガイド

［監修］＝山本淳一　作田亮一
［著］＝岡島純子　中村美奈子　加藤典子

B5判　並製　160頁　定価 2,860円

保護者へのペアレント・トレーニングを併用し，
発達が気がかりな子のSSTを学んでいく，
子どもの「できる力」を伸ばす実践ガイド。

価格は10％税込です。

友だち作りのSST
自閉スペクトラム症と社会性に課題のある思春期のための
PEERSトレーナーマニュアル

［著］＝エリザベス・A・ローガソン　フレッド・フランクル
［監訳・訳］＝山田智子　［監訳］＝大井 学　三浦優生

B5判　並製　392頁　定価 4,180円

発達障害の特性のなかでも対人関係に課題を抱えた子どもに，
上手な友だち作りのスキルを提供する，
SST実践マニュアル。

友だち作りの科学
社会性に課題のある思春期・青年期のための
SSTガイドブック

［著］＝エリザベス・A・ローガソン
［監訳］＝辻井正次　山田智子

B5判　並製　280頁　定価 3,080円

ソーシャルスキルに課題を抱える子どもと一緒に友達作りを実践しよう！
科学的根拠にもとづくステップ・バイ・ステップの
SSTセルフヘルプガイド。

価格は10％税込です。

大人のADHDのための
マインドフルネス
注意力を強化し，感情を調整して，
目標を達成するための8つのステッププログラム

[著]＝リディア・ジラウスカ
[監訳]＝大野 裕　中野有美

A5判　並製　232頁　定価 3,520円

成人でADHDをもつ人，自分はADHDかもしれないと
思っている人に役立つツールとして，マインドフルネスを紹介。
実践方法を解説したCD付！

ASDに気づいてケアするCBT
ACAT実践ガイド

[著]＝大島郁葉　桑原 斉

B5判　並製　224頁　定価 3,080円

ASDを正しく知ってCBTで丁寧にケアするための，
全6回＋プレセッション＋フォローアップから構成された
実践プログラム！

価格は10％税込です。